海外中国研究丛书

刘 东 主编

孔子

CONFUCIUS

即凡而圣

The Secular as Sacred

[美] 赫伯特·芬格莱特 著

彭国翔 张 华 译

江苏人民出版社

图书在版编目(CIP)数据

孔子:即凡而圣/[美]赫伯特·芬格莱特著;彭国翔,张华译.
—南京:江苏人民出版社,2002.9(2020.5 重印)
(海外中国研究丛书/刘东主编)
书名原文:Confucius:The Secular as Sacred
ISBN 978-7-214-03303-1

Ⅰ.孔… Ⅱ.①赫… ②彭… ③张… Ⅲ.孔丘
(前551前479)—哲学思想—研究 Ⅳ.B222.25

中国版本图书馆 CIP 数据核字(2002)第053901号

书　　名　孔子:即凡而圣
著　　者　[美]赫伯特·芬格莱特
译　　者　彭国翔　张　华
责任编辑　王保顶
责任监制　王　娟
出版发行　江苏人民出版社
出版社地址　南京市湖南路1号A楼,邮编:210009
出版社网址　http://www.jspph.com
照　　排　南京紫藤制版印务中心
印　　刷　扬州市文丰印刷制品有限公司
开　　本　652毫米×960毫米　1/16
印　　张　10.25　插页4
字　　数　137千字
版　　次　2002年9月第1版　2020年5月第8次印刷
标准书号　ISBN 978-7-214-03303-1
定　　价　35.00元

序“海外中国研究丛书”

中国曾经遗忘过世界，但世界却并未因此而遗忘中国。令人嗟呀的是，60年代以后，就在中国越来越闭锁的同时，世界各国的中国研究却得到了越来越富于成果的发展。而到了中国门户重开的今天，这种发展就把国内学界逼到了如此的窘境：我们不仅必须放眼海外去认识世界，还必须放眼海外来重新认识中国；不仅必须向国内读者移译海外的西学，还必须向他们系统地介绍海外的中学。

这套书不可避免地会加深我们150年以来一直怀有的危机感和失落感，因为单是它的学术水准也足以提醒我们，中国文明在现时代所面对的决不再是某个粗蛮不文的、很快就将被自己同化的、马背上的战胜者，而是一个高度发展了的、必将对自己的根本价值取向大大触动的文明。可正因为这样，借别人的眼光去获得自知之明，又正是摆在我们面前的紧迫历史使命，因为只要不跳出自家的文化圈子去透过强烈的反差反观自身，中华文明就找不到进入其现代形态的入口。

当然，既是本着这样的目的，我们就不能只从各家学说中筛选那些我们可以或者乐于接受的东西，否则我们的“筛子”本身就可能使读者失去选择、挑剔和批判的广阔天地。我们的译介毕竟还只是初步的尝试，而我们所努力去做的，毕竟也只是和读者一起去反复思索这些奉献给大家的东西。

刘　东

1988年秋于北京西八间房

目　　录

致中国读者

很高兴向中国读者致以我的问候。我的书以中文形式出现在中国的土地上，我感到它终于回到了自己的故乡。

就像我在本书原来的序言中所说的，阅读《论语》对我来说是一种崭新的发现。在孔子的思想中，我发现了一种人性的视域，这种视域在哲学上是深刻的，在心理学上是真实的，在社会学上它也是既富有洞见又发人深省的。

坦率地说，我不曾认为，并且目前也不认为，孔子的视域是无所不包的。对孔子来说，我们现代的理解中富有特征和正当性的许多东西都是不可实现的。更为具体的来说，在孔子的时代，既没有像我们现代世界这样的急剧社会变迁，也没有随之而来的社会之中个体身份的动荡不安。当今之世，各种文化和价值会有怎样巨大无限的变化形态，是完全无法获知的。

但是，对于体现在孔子言说之中的那种视域的深度和广度来说，现代世界的这种情形并没有从中剥夺什么。西方思想家大都对于孔子视域中如此重要的人性的维度视而不见。因此，作为一位西方的思想家，对于孔子人性和人类社群观念的深邃与重要，我加倍地受到打动。

在本书以及所附的几篇论文中，我的主要努力是哲学性的。目的是发现并澄清孔子一些基本观念的意义。那些观念在相当程度上启发并塑造了伟大的中国文明。我觉得，至少在西方，有一种误解的历史根源。将孔子翻译成西方的语言，典型地反映了通过将孔子西方化从而使之可以理解这样一种努力。通过使用那些对于西方读者耳熟能详的概念，那些翻译试图帮助西方的读者。但如此一来，孔子思想中最为独特的东西却就此丢掉了。因此，我希望重新检视孔子的《论语》，以其自己的用语来探讨它。我希望发现孔子本人认为是重要的东西，而不是我认为重要的东西。我希望发现孔子所要提出的问题以及他认为是合适的那种答案，而不是我所要提出的问题以及我认为合适的答案。

我力图忠于孔子理念的独特性，因此，对于受过西方传统教育的读者来说，我常常要以一种新的形式来展开我的论述。（我是否能够大胆地推测：即使在东方，甚至在中国，如今西方的思想潮流所产生的影响是如此之大，以至于在相当程度上使孔子的视域受到了羼杂呢？如果这种推测具有某种真理性，那么，我所写的这些东西或许也能够服务于这样一种谦恭的目的，这种目的就是：对于中国的读者来说，澄清孔子这位伟大导师的理念，使之重获新生并回复到其本来的面貌。）

无论如何，我最为诚挚的希望是：我这里所写的东西是为了我的某些读者，西方的以及东方的，它不仅是一部学术著作，更是带有人类兄弟之情和公共之美的哲学信息的一部著作。而那种人类兄弟之情以及公共之美，正是我在孔夫子的《论语》中所发现的。

以下，我要向那些在本书中文版得以面世过程中发挥重要作用的人们表示最大的感谢。我尤其要向刘东和陈来教授表示我最热烈的感谢，是他们发起并推动着本书中文版的出版工作。我要向彭国翔博士所作的贡献表示深切的感谢，是他承担了这项翻译工作的非常高的要求。并且，我也要向安乐哲教授表示友好的感谢，是他慷慨地拿出时间，推进了这项翻译出版工作的顺利进行。

最后，能向我的中国同行们提供这部我自己颇为重视的著作，我想表达我是多么的荣幸，也想表达我的希望，希望在阅读本书的过程中，它可以向我的中国同行们提供某种回馈的小小尺度。

赫伯特·芬格莱特

加州，圣·巴巴拉

序言 Ⅶ

初读孔子时，我觉得他是一个平常而偏狭的道德说教者。对我来说，他的言论集——《论语》，也似乎是一件陈旧的不相干之物。后来，随着逐渐增强的力量，我发现，孔子是一位具有深刻洞见与高远视域的思想家，其思想堂奥的辉煌壮观足可与我所知的任何一位思想家相媲美。渐渐地，我已然确信，孔子能够成为我们今天的一位人师——也就是一位饱经人世沧桑、饱含人生智慧的思想导师，而不只是给我们一种早已流行的、稍具异国情调的思想景象。孔子所告诉我们的，不是在别处正在被言说着的东西，而是正需要被言说的东西。他的谆谆教诲会令我们耳目一新。

对于西方有关人的哲学研究的最新进展，我有一些了解，并从中得到了启发。我发现，《论语》里的睿见卓识，在精神实质上接近于这种西方哲学最新发展的一些最显著的特征。就此而言，孔子是迄今为止“超越于我们时代的”思想家，这是数个世纪以来他在相当程度上受到西方世界忽视的一个重要原因。然而，今天我们能够把孔子的思想与西方思想的某种新成分相提并论，从中受益，是因为他在此提出问题的方式，使得西方人置身于一个全新的视域。

除了完全异质的思想之外，我断定，孔子思想中有着十分重大的 Ⅷ
类似于西方新思想的成分。与此同时，我也考虑到了那种把我们已有的思想读进《论语》文本中去的自然倾向。这种做法到底取得多大成功，读者们将会作出判断。在此，我只说我的主要目标——和我取得成功时的喜悦——就是要去发现孔子思想的卓异之处，学习并体会他所能够给予我的教诲与启迪，而不是为了寻求那种有点儿学究式的快乐，也就是说，不是为了在一个古代的异域思想者身上，期待某些已经为我们所十分熟悉的看法。

在孔子思想的早期翻译者当中，有博学的天主教学者和神父，以及虔诚的新教传教士。他们都理智健全并且颇具慧眼，仅仅因为他们在译介孔子思想方面所取得的伟大成就，人们就可能对他们心存尊敬。可是，他们往往这样来推崇孔子——在某种程度上有点像教会过去常常推崇苏格拉底那样——尽管孔子是异教徒，他们却把他作为一个近乎神圣的人：孜孜矻矻于追寻最崇高的真理和最完善的人生。然而，可叹的是，他们认为，孔子孜孜以求的东西，却是只有基督启示才能够带来的果实。在西方，《论语》最初可能是被当做近似基督伦理箴言的东西来阅读的，或者由于预示了基督教神学，孔子因此而被发现是值得尊崇的。与其说在翻译中这种解读常常受到支持，毋宁说它更为恰当地适应了当时的目的。无论如何，当初，西方人是以其本能的或直觉的方式来解读《论语》的，而且还不自觉地受到了用基督教术语、用欧洲思想的术语来思维的束缚。

在更为晚近的时代，更多在人类学上颇有造诣和世俗取向的学者，也翻译了适合他们自己的《论语》。新近的翻译中，基督教思想成分表面上消失了，但欧洲思想背景的假想观念或预设却还常常存在。甚至在不受欧洲思想观念影响的地方，如今西方学者熟悉得多的佛教和道教思想，也给这种翻译染上了色彩。因而，这种错误是累积性的。不管佛教思想在许多方面是多么地不同于欧洲思想，但它与欧洲思想共
IX 同具有某种根本性的偏见：它们都赞成人类的个人主义和主观主义的观点。这就是崇尚个人的心性、内在的生命和个体的实在；这是它们理解人的本质的着眼点，它贯穿在佛教和欧洲思想的主流进程中。我当然深知，将要陈述于后的是一种相当一般化的看法，难免有各种各样的例外情况，然而我乐于把它揭示出来。研究本书所提出的问题之后，我领会到那种新颖的、对我来说也是颇为有力的阐明方式，在那种方式中，这种一般化的看法可以得到支持和理解。

无论如何，这使我认识到，各个翻译者不管有多么重大的差异，他们在各自的翻译中都普遍设定了“主观-心理”的解读《论语》的方式，这种设定是十分不自觉的，因而也是最具有偏见的方式。由此，本书的论点是：与这个根本性的偏见有关，所有现存的《论语》翻译都误入了歧途，假如我所言不谬，那么，那些翻译者们引进了一种观察人类的方式，而那不是孔子的方式。因此，他们不能显示——他们的翻译甚至也不容许——孔子有关人的观点具有某种鲜明的非欧洲人、非佛教式的特征。

在发现问题如此之后，我在以下的文字中则试图说明它为何如此。我所依据的主要材料之一，就是《论语》的原典。一方面，我要努力发现原典所说明的、所暗示的，另一方面，我又要看清它没有说明的，或不必暗示的。《论语》的原典所能够绝对明白地呈现的就是这么多。此外，必须向原典设问，也许会得到答案。但没有提出的问题，是不可能指望有答案的。关心原典文体的人，会准确地翻译出原典文体上的微妙差异。而重视心理问题的人，也许不太感兴趣显示——甚至不太能理解——那些文体上的微妙差异。目前，西方还没有一个专业哲学家做过《论语》的现代翻译。由此，我相信，迄今也没有一种《论语》的翻译 X
已经从对西方当代哲学思想和技巧的娴熟中得到启迪。

正是基于这些评估，我才说我试图用孔子自己的话语来揭示或阐明他的思想。进而，我尽可能严格地把自己限定在《论语》较早形成的、根据目前的研究更为真实可靠的那些篇章之中，那主要是前十五篇(《论语》全文共二十篇)。甚至在这十五篇中，我也小心翼翼，因为有学者认为这些最早的篇章也受到了后世的增删和窜改。然而，根据我当前的目的，没有必要拘泥于历史上的孔子是否说过所有这些或其中的某些“言论”。按照这种精神，在独立的学术研究基础上(参见附录：关于文本问题)，删削某些篇章后，我们留下来的是一个有统一的历史社会背景、语言风格和富有哲学意蕴的文本。这个文本，也只有这个文本，才是我在这里所要着力加以诠释的。

我竭力避免引入诠释性的材料，我们知道，这些材料是后世中国人的注释或评论。在我看来，在中国“诸子”辈出的时代，形形色色的中国哲学思想的交融互补，似乎很快就赋予孔子的思想学说一种不同的性质和特征。当然，我这种纯化孔子的企图和努力不可能完全成功，而只能取得一定程度的成功。因为我们**所有的**文本和解读，都不可避免地受到历史上各种注释、评论、编撰者的选择和十足的意识形态的影响。

然而，我的终极兴趣在（孔子的）哲学上，因此，对我来说重要的是：认真研读我所精选的《论语》文本，以求发现其中所蕴涵的哲学性的睿识洞见。我总是努力把这一点牢记在心，就像我前面的论述已经表明
XI 的那样，即便我相信，不能把对这样一个文本的认真的哲学解读与历史的和语言的细致分析完全分开。进一步说，这样做与我的目的和方法并不矛盾，因为我本人并不是一个汉学家，而要大量依赖西方学者的二手材料与评论，其中当然也包括他们时常对广博的中华学术的精要把握。但在我所选择的首要任务中，即深入细致地对《论语》进行哲学的研究，我已经以我自己的方式完成了对于原著的研读。凡是立足于文本问题的相关哲学问题，我都要亲自进行独立的文本分析，直到我相信它和原著的哲学观点相契合为止。

因此，在这里，我必须为本书提供的《论语》篇章的翻译负责，尽管这些翻译基于广泛的商讨，着重借用原著的词语，并在若干情况下直接引用最有影响的翻译和学术文章。我的主要目标是要用一种独特的眼光，选译或者重新解读原著，以便揭示文本之中蕴涵的哲学奥义。在一些篇章中，这些哲学奥义在具体概念的性质或含义上是明显表现出来的（尽管并非总是显而易见）。而在另一些情形下，同样重要的是，相关的哲学思想在文本中又表现出模棱两可的、含糊的、无关紧要的或其他不相干的迹象，而在其他文化传统的思想家中，这一点也许在常规上是要加以引介或力图阐明的。很自然，我讨论《论语》文本及其问题，是为了阐明我从哲学上对现有孔子思想的翻译和解读发表批评看法的理由。我相信，我已经避免了那种可能会被认为生搬硬套的翻译，也就是那种为了支持我的论点而不惜牵强比附或者断章取义的做法。

第一章　如同神圣礼仪一般的人类社群 1

本章论述的目标，是要揭示孔子所洞察到的神奇力量，更为准确地说，那正是人类美德的精华或本质体现。经由这种神奇力量，最终我们也就能够达到极高的境界，看到孔子视为中心命脉的人类生存的神圣性。到 20 世纪，由于不能深切地领会孔子思想学说中这种生存要点，我们便在很大程度上漠视了这种神圣性在其学说中的中心地位。

具体地说，这里所需要的（和所提供的），就是利用当代的哲学认识，来对孔子的思想进行重新诠释。实际上，这样一种立足于反思的再解释，足以为我们思想中那些一直处于阴影中的内容带来光明。

当一些敌对的思想流派的观念浸染了孔子的学说时，《论语》或至少其更为真实的“内核”中的那种哲学洞见，便很快就模糊不清了。至于这种哲学洞见在通常受到西方思想影响的现代翻译或诠释中也销声匿迹，就更不足为奇了。因此，有必要在某种程度上强调《论语》富有神奇魅力（magical）和宗教性的维度。在今天，《论语》的主要意旨被解读成经验论的、人文主义的、世俗化的思想，或者类似于柏拉图理念论
者的思想。确实，人们常常认为，对于明确否弃迷信或者否弃对“超自 2
然力量”的过分依赖，[1]《论语》的思想学说迈出了重要的一步。

毫无疑问，《论语》所展现的世界，在其性质上十分不同于摩西（Moses）、埃斯库罗斯（Aeschylus）、耶稣、佛陀、老子或《奥义书》（Upanishadic）的教导师们心目中的世界。在某些显而易见的特定方面，《论语》的确很鲜明地表达了一个人文主义者和传统主义者的世界观，

然而，它也非常传统地提供了对神灵的一种注重实效的必要敬畏。

孔子说，“务民之义，敬鬼神而远之”。（《雍也第六》第 20 章）* 依照这个训诲，孔子自己从来“不语怪、力、乱、神”（《述而第七》第 20 章）。针对超出一般经验的和超自然的问题，孔子回答说：“未能事人，焉能事鬼？”“未知生，焉知死？”（《先进第十一》第 11 章）

如果考察《论语》文本的思想实质，我们很快就会弄明白，《论语》的论题和主要概念都主要相关于我们的人性、行为举止和人际关系等。只要列举一些不断重复出现的谈话主题，如“礼”（Rite）、“仁”（Humaneness）、“恕”（Reciprocity）、“忠”（Loyalty）、“学”（Learning）、“乐”
3 （Music），以及一些通过它们而使各种家庭-社会关系和责任（如“君”、“父”等）得到定义的概念，对于我们当前的目的来说就足够了。

孔子认为，人类的道德和精神成就并不依靠欺骗或者幸运之神的降临，也不依赖于神秘的咒语（esoteric spells）或者任何纯粹外在的力量。这种思想进一步加深了《论语》现世的、务实的人文主义色彩。一个人的精神境界以他一生下来就已经具备的“素材”（stuff）为基础，取决于他为“塑造”（shaping）自己的精神境界而付出的艰辛努力，也就是他为此投入学习和工作的数量和质量。精神的崇高性要求锲而不舍的意志和坚忍不拔的努力。孔子说：“仁者先难而后获”（《雍也第六》第 20 章），又说：“任重而道远。仁以为己任，不亦重乎？死而后已，不亦远乎？”（《泰伯第八》第 7 章）孔子忧虑的事情是“德之不修，学之不讲，闻义不能徙，不善不能改”（《述而第七》第 3 章）。孔子的门徒肯定也都十分清楚他的这种使命并不是追寻不可思议的神迹，而是不断的“切”、“磋”、“琢”、“磨”（《学而第一》第 15 章），目的是成为一个完善而真实的人，一个参与（奉献）社会而有价值的人。所有这一切从外表上看，似乎都说明：孔子恰恰在本质上是反对神秘的（antimagical），因而，《论语》也绝少神性的气息。

然而，尽管孔子执着于这种充满修身色彩的和具有明显世俗倾向

---

* 为了上下文的流畅和可懂，也为了显出作者本人对孔子原典的独特理解，本书中的《论语》引文在必要时往往会依英文译为现代汉语而不直接恢复为《论语》中的原文。——译者

的道德说教，但我们还是发现《论语》中偶尔有些言论，似乎透显出对那种具有深远意义的神奇魅力的力量（magical powers）的信念。我所谓的“神奇魅力”（magic），是指一个具体的人通过礼仪（ritual）、姿态（gesture）和咒语（incantation），获得不可思议的力量，自然无为地直接实现他的意志。这种神奇魅力的施行者并不运用诱使神灵附体的策略和方术来作为达到其目的的手段；他也不使用强迫或物理的力量。在那种神奇魅力的施展中，并没有在实用性上经过发展和经过检验的策略。他只是在适宜的礼仪环境中、通过恰当的仪态和言词来希冀他的目标。对他来说，不需要作进一步的努力，这种行为就达成了。有时，孔子的言词强烈地暗示出对于这种方式至关重要的某种根本的神秘
力量。（在下列引述中出现的一些中国术语，对孔子的思想都极为重 4
要，它们指明了基本价值行为的力量、状态和形式。由于很有必要，这些术语将在后文加以详细地讨论。）

> 仁远乎哉？我欲仁，斯仁至矣。（《述而第七》第29章）
>
> 克己复礼，天下归仁焉。（《颜渊第十二》第1章）

舜是孔子推崇的古代伟大的圣王，“无为而治者，其舜也与？夫何为哉？恭己正南面（君王合礼的仪态）而已矣（亦即他的统治事务完美无瑕地进行着）。”（《卫灵公第十五》第4章）

随着一种本身不可捉摸、无形无象的无法抗拒的力量，这种神奇魅力的成分总是涉及到一些轻而易举、令人惊叹地产生的巨大效果。“其身正，不令而行”（《子路第十三》第6章）。“君子之德风，小人之德草。草上之风，必偃。”（《颜渊第十二》第19章）“为政以德。譬如北辰，居其所而众星共之。”（《为政第二》第1章）

这些言论可以从不同的角度来理解。有人也许只注意到了——如杜维恩达克（Duyvendak）所说——《为政第二》第1章中“原始的神奇魅力的意义”是“明确无误的”，或者《卫灵公第十五》第4章中舜的合礼仪态是“蕴藏着最高神奇魅力潜能的一种状态”。② 简言之，可以承认这些是《论语》里“迷信”思想的真正残留。

然而，《论语》的许多现代诠释者都希望更为“同情”地来解读孔子，也就是用我们自己熟悉的和已经接受的术语来最大限度地解释他的哲学主张。为了做到这一点，这些现代阐释者一般都竭力淡化《论语》
5 中实际上不可化约的(irreducible)神奇魅力的思想成分。因为在我们的时代，由咒语和礼仪的姿态而导致的直接的行为目标，不能够被作为一种严肃认真的可能性，这是大家普遍接受的一条公理。(这条世人普遍承认的公理的重大例外，是当代的“语言分析”，对此我们后文将要讨论。但语言分析这项工作的重要性，迄今还根本没有超出专业哲学的领域之外。)

《论语》中神奇魅力与奇迹的暗示，是如此不投合当代人的口味，以至于人们总要以各种方式对其进行消解：我曾引证的语录只有一篇出自被广泛公认为“真正可靠”的《论语》主体部分(即从第三篇到第八篇)。另一些语录散见在许多增删窜改的篇章中，常常和孔子的精神不相容，这一点在被接受的文本中也是众所周知的。或者，人们也许坚持认为，这种神奇魅力的成分在适用范围上受到了很大限制，只应用于君王，甚或只适用于道德完善的圣王。[3]还有另一种可能的方法“消解”这种“神奇魅力”的成分，那就是：假设孔子只不过是用其他熟悉的方式强调和戏剧性地显示垂范的力量。[4]简言之，按照这种观点，我们必须把《论语》中有关“神奇魅力”的言论，当做一种平淡无奇的(道德)真理的诗化陈述(poetic statements)。最后，有人可能只是争辩说，孔子在这个问题上并不一贯——也许他主要的和富有特色的思想是反对神奇魅力的。但是，正如很可能被料想的那样，孔子并没有使他自己从根深蒂固的传统信仰中彻底解放出来。

所有这些诠释都把孔子从神奇魅力的维度来教诲人类美德的思想，作为20世纪久经世故的人们的一种接受障碍。必须将神奇魅力的成分从孔子的思想中消解掉，或者另外将其作为一种历史上不可理解的孔子的失败来加以处理。但是，我倾向于认为，如果我们一开始并没
6 有假设孔子言论中的这种明显的意义是不可接受的，那么，在这个问题上，我们就仍然能够从孔子那里获得启迪。

与其对那些另外的诠释逐一进行驳斥，我倒宁愿致力于对我下文

的论述作一个积极的阐释。我认为，孔子用神奇魅力的眼光看待人类，洞察人类具有神奇非凡的力量，这是他真正的和正确的思想。我无意主张我的这种阐释是正确无误的，而其他一切诠释都属于谬误。但是，毫无理由假设一个像孔子这样的具有原创思想的人，会仔细明辨他所说的言论的一切可能意义，并有意识地指向仅仅其中一种意义，而排除其他一切意义。与此相反，应当假设孔子式的神奇魅力的思想具有多方面的丰富的意义，我相信，下文我即将详细阐述的那种意义，是孔子思想学说的真正的核心的内容，但这一点迄今却仍然没有被世人理解。

孔子发现并竭力唤起我们注意到：就其特性而言，那种真正的、独特的人的力量具有一种神奇非凡的品质。因此，孔子的任务实际上就是被要求去揭示那些已经如此熟悉和普遍以至于不被察觉的东西。在这种情况下，必须要做的事，就是以一种新颖而正确的方式呈现我们人类存在的这种“明晰可见”的维度。在哪里能找到一条新的道路，通往这个熟悉的领域呢？又有谁会提供给我们一种崭新而又具有启示性的观察视角呢？孔子发现了这条道路：通过他所提供的“礼”的方法，我们就可以通行无阻。

人生下来得花很长的时间和艰苦的努力来学习“礼”。“礼”这个词的本义接近我们西方说的“神圣性的礼仪”（holy ritual）或“神圣化的仪式”（sacred ceremony）。孔子思想的特征便是使用“礼”的语言和意象作为媒介，在礼仪活动中来谈论**道德习俗**（mores）的整体，或者更确切地说，在礼仪活动中来谈论社会的真正传统与合理习俗的整体。[⑤]孔子
教导说，对于人类完善，尤其是属于人所特有的美德或力量而言，依 7
“礼”而行的能力和克己复礼的意志乃是最基本的。因此，孔子在此做了两件事情：一是他唤起我们关注传统和习俗的整体，二是他又提醒我们，要通过一种比喻并透过神圣礼仪的意象来看清所有这一切。

孔子所说的精神的贵族也就是君子，就是那种为把社会规范（礼）和原生态的（raw）个人的存在熔铸在一起而辛勤劳作的“炼金术士”（alchemy），他们以这样一种潜移默化的方式，把原生态的个人转化成

为实现人所特有的美德或力量的德性的存在。

人的道德是在人际交往的具体行为中实现的，这些行为都具有一个共同的模式。这些模式具有某些一般的特征，所有这些模式的共同特征在于“礼”：它们都是“人际性”(man-to-man-ness)的表达，都是相互忠诚和相互尊重的表达。但是，这些模式也是具体的：它们详细地区分和限定礼仪施行的所有组成部分(ritual performance-repertoires)，这便构成了所谓文明的模式，也就是真正人道的婚丧嫁娶和行军征战，以及为君、为父和为人子等等的礼仪节文。然而，人们决不可以被理解成为仅仅是标准化模式的单元，机械地执行服从宇宙法则或社会法律的刻板仪式。他们也不是自足、独立的个体灵魂，碰巧能与一种社会契约相一致。只有当其原始冲动受到“礼”的型塑时，人们才成为真正意义上的人。“礼”是人的冲动的圆满实现，是人的冲动的文明表达——不是一种剥夺人性或非人性化的形式主义。“礼”是人与人之间动态关系的具体的人性化形式。

孔子新颖而创造性的洞见，就是看到了人之存在的这个方面，作为习得的传统和习俗，它的形式是根据一种特别具有启示性的意象——“礼”，也就是“神圣性的礼仪”、“神圣化的仪式”，它们存在于孔子之前“礼”这个术语的通常意义之中。

在既经学习熟练的礼仪中，每一个人都按照一定的形式做他所应
8 当做的事情。尽管我们谁也没有强制、逼迫、命令、督促或“做”其他任何使之发生的事情，我的姿态却能够和谐地与你的姿态彼此协调。继而，其他参与者又会顺利地遵循我们的姿态。如果所有的人都“克己复礼”，那么，全部所需要的——紧扣字面的意义来说——就是在恰当礼仪情境中的一种最初的礼仪姿态，从那以后，一切都会依之而“发生”。舜(圣王)采取了什么行为？“他只是‘恭己正南面’而已。”(《卫灵公第十五》第4章)现在，至少让我们详细考察一下神圣礼仪的这种富含启示的意象所强调的行为的鲜明特征。

重要的是，我们不会觉得这种从容中道(effortlessness)是“机械的”，也不会觉得它是“自动的”。如果它是“机械的”或“自动的”，那么，就像孔子反复表明的，这种仪式便是死的，贫乏的和空洞的，其中没有

精神。而真正的礼仪的“发生”，则有一种自发性。它“自然而然地”发生。其间蕴含着生命，因为参与礼仪活动的人是严肃而真诚的。真正的礼仪要求人们必须“祭神如神在”；否则，就好像“如不祭”(《八佾第三》第 12 章)。换言之，在践行礼仪的过程中有两种相反类型的失败：一种是由于缺乏学习和技巧而使礼仪的践行非常笨拙；另一种情况是礼仪表面上也许实行得熟练灵巧，但由于缺乏严肃认真的目标和信守(commitment)而仍然显得乏味和机械。美观而有效的礼仪要求行为者个体的“临在”与所学礼仪技巧的融合无间。这种理想的融合，便是作为神圣礼仪的真正的“礼”。

孔子把以礼治国的君王与试图通过命令、威胁、苛政规定、惩罚和强迫等等来达到目的的统治者作了独特而鲜明的对照(《为政第二》第 3 章)*。强迫的力量是明显的，可以触知的，而“礼”的广泛(而神圣)的力量的运作却是不可见的，不可触知的。“礼”通过自发的协调而起作
用，这种自发的协调则植根于虔敬的尊严之中。在神圣礼仪中的完美， 9
既是精神性的，又是审美的。

既然我们已经考察了神圣的礼仪本身，现在则准备更多地考察日常生活中的礼仪。事实上，这是孔子邀请我们这样做的。对于孔子观察人类的视角来说，日常生活是基础。

我在大街上看见你，我微笑着向你走去，伸出手来与你握手。我这样做，不受任何命令、谋划和强迫力量的驱使，也没有特别的伎俩和手段，我也不作任何努力使你这样做，你自发地转向我，报我以笑，把手伸向我。我们握手——不是我拉着你的手上下摆动，也不是你拉着我的，而是我们两个完全自发的、完美的合作行为。通常，我们没有注意到这种相互协调的“礼仪”行为中的微妙性和令人惊叹的复杂性。然而，如果一个人不得不仅仅从一本指导手册来学习礼仪，或者如果他是一个来自于没有握手文化的外邦人，那么，这种日常动作的微妙性和复杂性就变得非常明显了。

一般来说，我们也不会注意到“礼仪”中的“生活”含义，而在生活

---

* 原文为：“道之以政，齐之以刑，民免而无耻。道之以德，齐之以乱，有耻且格。”——译者

中，至少从某些最简单的意义而言，我们会相互“出现”在对方那里。正如孔子所说的，“忠”与“恕”(reciprocal good faith and respect)的要求总是具有一般的和根本性的意义。这种相互尊重与对于互相尊重的觉察不是一回事。当我**意识**到需要对你表示某种尊重，我实际的情况更可能是假装糊涂，或者也许自我觉察了窘迫尴尬的情景。无疑，我们小小的“礼仪”会在某种笨拙尴尬之中显示这一点。(例如，我与人握手时伸出手太早，结果停在半空中的尴尬场面。)不，真正的相互尊重并不需要我有意识地感觉到尊重，或者把我的注意力集中在对你的尊重上面。在正确的“生活”和自发的(礼仪)**行为**表现中，那种尊重就可以得到充分的表达。这就像空中玩杂技的，如果想使把戏玩得成功，至少为了眼下的目的，必须拥有对搭档的完全信任(而不是意识到这一点)。因此，尽管握手并没有多少利害关系，但我们这些握手的人却必须具
10 有(而不是意识到)尊重和信任。否则的话，我们就会发现自己笨手笨脚，或者行为空有形式，缺乏生命，这很容易使别人感到那种行为的毫无意义。

显然，我们为了完成一个合理而成功的握手和问候，彼此之间的相互尊重与充分信任没有必要达到很深的程度。然而，即便如此，敏感的人还是能够从一次握手中探测到另一个人态度的深浅。这种人际关系的深浅程度可以表现在“礼仪”的姿式或仪态中，很大程度上可能因为这种礼仪具有显而易见的具体性(specificity)。举例来说，假如我是你以前的老师，很明显你会不由自主地、自发地走上前来与我握手，而不是等着我走向你，握手的时候即使很热烈，你也会稍许庄重些。尽管我可以构想，我也许会腾出手来拍你的肩膀，但你不会拍打我的肩背。在这些区别中，有许多难以描述的微妙性，虽然细微的差异微不足道，但是在礼仪的姿式中却是很富有意味的变化。如果我们确实试图描述这些微妙的变化及其规则，那么，我们会立即想起《论语》第十篇《乡党》。对于最初接触它的现代美国读者来说，《乡党》中所描绘的礼仪项目或礼仪方式(recipes)似乎是奇特而有趣的典范，也是极端传统主义的。恰恰在这样的礼仪方式中，社会活动协调一致，从而成为文明的社会，没有经过刻意的经营努力或计划，而只是在一个适宜的环境

里，自发地发生了合乎礼的姿式或仪态。孔子说，“礼”的这种力量有赖于早先的学习，它不是与生俱来的。

“礼”的这种从容中道的力量也能够被用来完成实质性的目的，尽管我们通常意识不到这一点。让我们设想，我希望把一本书从办公室带到教室。如果我没有任何不可思议的神奇魅力的力量，我必定会按部就班地采取步骤——亲自走到我的办公室，推开门，拿上那本书，然后把它带到教室。但是，这样一个物理过程实际上也可以应用“神奇魅
力”——就是用适当的礼仪来表达我的愿望，那我不需耗费这样的物 11
理性努力就可以实现我的愿望。比如，我有礼貌地也就是礼仪性地向我班上的一个学生求助，我仅仅以一种适当的和礼貌的（礼仪性的）表述方式表达了我的愿望，让他帮我把那本书拿来。这种适当的礼仪性地表达我的愿望，就是我所做的全部内容，我没有必要强迫他，威胁他，或者欺骗他为我去做这件事。我本人不必做其他任何事情，这本书就会到我的手上，一如我所愿！这是人类做事的一种独特的方式。

握手和请人代劳的例子是微不足道的，但其中却蕴涵着深远的道德意义。这些复杂而熟悉的姿式或仪态带有人际关系的特征，最具有人性的意义：我们人与世界上其他事物的最大差别就是，我们人类不把彼此当做物质对象来对待，不像动物甚至低等生物那样被驱使、被威胁、被强迫，乃至被屠杀。我们透过“礼”的意象看到这些“礼仪”，由此认识到神圣化的礼仪显然能够被视为日常**文明**交际的一种有力的、强化的，并且是十分精致的延伸。

我们能用言语（speech）仅仅来谈论行为，抑或间接地**引发**行为，这种观念在现代西方思想中占有主导的地位。然而，当代“语言”分析哲学已经日益显示出礼仪言语本身就是关键的行动，而不是行为的一种报告或者刺激。已故的奥斯汀（J. L. Austin）教授把他的分析焦点集中在他称之为“实施性的言说”[6]（performative utterance）的研究上面，他是使这种现象具有现实性和普遍性的人物之一。这些实施性的言语
是我们日常生活中作出的数不清的陈述，其作用有点儿像法律文件中 12
的“执行”（operative）条款。它们是陈述，但不是**关于**一些行动或引发

一些行为的陈述；相反，它们本身就是这个行动的执行。

“我把我的表遗赠给我的兄弟”，无论我正式地说或者写下这句话时，这句话都不是对我已经做过的事情的一种报道，而恰恰是指遗赠这个行为本身。在婚礼中，“我愿意”这句话不是关于接受这一内在心理行为的一种报道，它本身就是使这婚姻产生效力的行为。“我发誓……”不是刚刚在我脑海里发生的事情的一种报告，也压根儿不是任何事情的报告，说出这句话本身就是起誓行为。正是通过言辞以及通过以言辞为其组成部分之一的礼仪，我才以某种方式把自己约束住。对一个“克己复礼”的人来说，这种方式比策略或者强迫更有力量、更加无可逃避。孔子真正告诉我们的道理就是，运用“礼”的力量的人能够影响那些超越于他之外的东西——但那种仅仅按照命令而拥有物质力量的人却不能够做到这一点。

如果没有被学习和接受的传统习俗，就不会有礼的力量。或者，如果我们在不恰当的环境中言说并且唤起习俗的力量，礼的力量也不会发生作用；又或者，如果礼仪没有被充分地贯彻施行，或者如果执行礼仪角色的人没有被恰当地授权（“权威”——本身又是一种礼仪），也同样不会有礼的力量产生。总之，礼仪的姿式和言词所特别具有的道德的然而同时又是约束性的力量，不能够从礼仪中抽象出来或者孤立地使用。我们在礼仪中碰巧使用的并非一种独特的力量，而正是礼仪**的**力量。在我们的社会中，如果没有被大家接受的奴隶制的传统，那么，我就不可能有效地执行把我的奴仆遗赠给某人的礼仪；如果没有人接
13 受打赌这个行为，我就不可能赌两美元；我不可能在家中吃饭的同时，为某种不道德行为的“罪过”在法律上进行辩护；因此，礼的力量，除了完全受到尊重，否则就不可能得到使用。这种情况，也是孔子所不断抵制的。“三家用《雍》颂来祭祖……这样的诗句怎能用于三家的庙堂？”（按照礼，三家不配用此《雍》颂）（《八佾第三》第2章）*

对于本文的目的来说，指出在我们西方人自己的语言和礼仪中有多少这种明显的实施性的惯用表述（performative formulas）⑦，以及指

---

* 原文为：“三家以雍……奚取于三家之堂？”——译者

出或许有不太明显但并非不重要的实施性的惯用表述，例如，那些表达某人愿望、偏爱或选择的惯用语，这就足够了。“我选择这一个”，意味着排他，而他所反对的并不是真正说出来的。因为在适当情境中言说“我选择这一个”这句话，并不是报告某些已经做过的事情，而是要在作出选择的过程中采取“执行的”步骤。[8]

在奥斯汀教授的推理中，对语言及其“礼仪”情境的这种研究取径的结果，是自相矛盾的。他后来被迫作出结论：在某种基本的意义上来说，**一切**言语最终都是行为。虽然这仍然是一个有待商榷和进一步解决的问题，但是它足以提醒我们：我们用言语来做事情，做十分重要和令人惊奇的变化万千的事情，如今是当代西方分析哲学的一个老生常谈（就像它过去是实用主义哲学家的一个基本论点一样）。

确实，这些新颖的哲学洞见的中心思想，与其说是关于语言的发
现，还不如说是关于礼仪的启示。我们用自己的方式所认识到东西是： 14
人的存在的领域是多么的宽阔，其中，存在的本质便是礼仪。承诺、信守、宽恕、恳求、问候、盟约，这些以及诸如此类更多的东西都是各种各样的礼仪，或者它们什么也不是。因此，正是以礼仪为媒介，我们生命特有的人性成分，才得以有鲜活的表现。礼仪行为是第一性的、不可化约的重要事件[9]。脱离了它所植根于其中的传统习俗，语言便是不可能被理解的；脱离了界定它并且构成其组成部分的语言，传统习俗也同样不可理解。纯粹的物理动作不是一种许诺；不依赖于礼仪的情境、环境和作用的单独的言词，也不可能是一种许诺。言词和动作都不过是来自于具体礼仪行为的抽象。

从这一立场出发，不难看到，不仅动作技能需要学习，而且正确地
使用语言也需要学习。因为正确地使用语言，就像各个姿式那样，是有
效行为的基本**组成**部分。正确的语言不仅仅是一种有用的附属物，它 15
更是执行礼仪的本质。

从这个视角，我们看到：孔子的著名学说——正名，也就是“术语校正”或“正确地使用术语”，不只是对于言词魔力（word-magic）的一种错误信念，或者是有关孔子思想传统关怀的一种学究式阐发。我认为，没有任何理由把有关“本质”的思想学说，或柏拉图的理念论，或类似中古

时代新儒家的概念，读进孔子的这种思想里去，因为《论语》没有提供有关任何这种学说的其他任何暗示。[10]

当然，我们也一定要当心把我们当代的哲学思想读进一个古代的思想学说中去。然而，我觉得《论语》的文本，无论在文字上还是精神上，都支持和丰富了我们西方最近出现的对于人类的看法，也就是说，人是一个礼仪性的存在(a ceremonial being)。

总而言之，孔子关联于礼仪作用所发挥的东西，不仅是它的鲜明
16 的人文性格、它的语言和神奇魅力的特征，还在于它的道德和宗教的特征。最后，在此我们必须提醒并把分析的焦点聚集在这样的事实上：对孔子来说，正是神圣礼仪的意象统一了或融合了人的存在的所有这些维度。也许，一位现代的西方人会不免说到"有关习得传统和语言的理智实践"。这其中有一种流行的价值中立和所谓"科学的"光环。确实，当代分析哲学家往往倾向于以这样的方式来言说，并且，在风格上，他们是合适地符合常识和有所节制的。但是，对于孔子的中心意象来说，这根本不可能阐发其中所隐含的思想。

作为人类存在的一种比喻(metaphor)，神圣礼仪的意象首先引起我们关注人类存在的神圣维度。神圣礼仪有多种维度，最高境界在于它的神圣性。礼仪有力地显发出来的东西，不仅仅是社会形式的和谐与完美、人际交往的内在的与终极的尊严；它所显发出来的还有道德的完善，那种道德的完善蕴涵在自我目标的获得之中，而自我目标的获得，则是通过将他人视为具有同样尊严的存在和礼仪活动中自由的合作参与者来实现的。此外，依"礼"而行就是完全向他人开放；因为礼仪是公共的、共享的和透明的；不依"礼"而行则是隐蔽的、暧昧的和邪恶的，或纯粹是专横的强迫。正是在这种与那些在终极的意义上类似于自己(参见《颜渊第十二》第2章)的他人的美好、庄严、共享以及公开的参与中，人才会获得自我的实现。因此，人类完美的社群——对于基督教兄弟关系(brotherhood)的孔子的类似物——就成为神圣崇拜的一种不可摆脱的部分和主要方面——这又成为耶稣所教导的核心律则(the central Law)的类似物(有两条：一是尽心尽意爱你的上帝，二

是像爱你自己一样爱你的邻人——译者)。

作为一种必然的结果,孔子希望教导我们:在其严格的和根源的意义上来说,神圣礼仪并不是一种全然神秘的精神抚慰,那种精神抚慰外在于人类和世俗的生活。精神不再是一种受到礼仪影响的外在存在;恰恰是**在**礼仪**之中**,精神得以生动表现并获得了它的最大灵性。 17
公开的神圣礼仪,不是将关怀从人的领域转移到另一个超越王国,而是被视为极其重要的象征。作为所有真正的人的存在的一个维度,这种象征既是神圣性的表达,又是对神圣性的参与。因此,显而易见,在更大的以及理想上无所不包的礼仪的和谐之中——这种和谐与理想之道的完美的人性化的文明相关联,神圣礼仪是一个智慧光明的集中点。人类的生活在其整全之中,最终表现为一种广阔的、自发的和神圣的礼仪:人类社群。对孔子来说,这确实是一个"终极关怀"。孔子一再指出,这是与人的个体生命本身相关,并且超乎其上的、惟此为上的事情(参见《八佾第三》第 17 章;《里仁第四》第 5、6、8 章)*。

注　释

① 在 20 世纪 70 年代,有一些在许多方面意见并不相同的作者,却几乎都倾向于同意这样一种观点:孔子具有现世的、人文的、理性的取向。韦利说:"向现世的转折是那个时代趋向的特征,并非孔子所独有。"参见韦利《孔子的论语》,第 32～33 页。也参见莱斯列《孔子》,第 40～41 页;陈荣捷主编《中国哲学资料》,第 15 页;H. G. 顾立雅的《孔子与中国之道》,第 120 页;茂树贝冢《孔子》第 109、119 页;柳无忌《孔子的生活和时代》,第 154、156 页。在其多种前共产党时代(解放前——译者)的著作中,冯友兰在这个问题上所采取的是一种更为含糊的立场。但是在我看来,他似乎强调理性主义、人文主义的方面,最终坚持这是孔子思想中一种片面的缺点。参见冯著《中国哲学的精神》,第 28 页。

② J. L. 杜维恩达克:《"无为"的哲学》,《亚洲研究》,1947 年第 3、4 期,第 84 页。

③ 参见韦利:《孔子的论语》,第 64、66 页;尤其是"我认为,除了天命的统治者所实践的礼仪之外,孔子没有把这种神奇魅力的力量归诸任何礼仪"。

④ 举例,同上书,第 66 页。

---

* 各章原文分别是:"赐也,尔爱其羊,吾爱其礼";"君子无终食之间违仁,造次必于是,颠沛必于是";"我未见好仁者、恶不仁者";"朝闻道,夕死可矣"。——译者

⑤ 举例，见 H. G. 顾立雅《孔子与中国之道》第 82～83 页；也参见《论语·子罕第九》第 3 章，“麻冕，礼也；今也纯，俭。吾从众。拜下，礼也；今拜乎上，泰也，虽违众，吾从下。”

⑥ J. L. 奥斯汀：《实施性的言说》(Performative Utterance)，收在他的《哲学论文集》(伦敦：牛津大学出版社，1961 年)，第 220～239 页；《如何以言行事》(伦敦：牛津大学出版社，1962 年)；《实施性的常项词》，收在《分析哲学》，《劳蒙特(Royaumont)手册》哲学第五卷，巴黎：明斯特出版，1962 年，第 271～305 页。

我对“实施性”(Performative)这个概念曾经进行过系统的分析，我认为它符合并且丰富了我在此所作出的与孔子相关的观点，尽管我对实施性的分析立意于完全一般化。参见芬格莱特“Performatives”，《美国哲学季刊》，1967 年，第4 卷。

⑦ 尽管可以冗长不堪地列举一大堆，但在此我仅提几个其他的词项，这几个词项一般进入了惯用的表达，这种表达具有一种明显的实施性功能，如“我给你命名”，“我约会你”，“我挑选这个(或我挑选他)”，“我祝贺你”，“我欢迎你”，“我授权你”，“我向你挑战”，“我命令你”，“我请求你”。

⑧ 在最近的趋向中，有一个带有普遍性而又有特色的例子，即把这些惯用语以及和其他使用“精神”或“行为”动词的第一人称、现在时态的表述处理为一个具体的、关键的范畴，参见 S. 汉普舍尔(Hampshire)：《思想与行为》(伦敦：凯图与文都斯出版社，1959 年)。

⑨ 有关这一论题的文献，如今相当多，并且，一般可以概括为两种明显且相互对立的趋向，这两种最有影响的趋向今天风靡说英语的哲学界。一种趋向是科学、语言和“知识”的“形式主义”分析，这种分析以一种微细而精湛得多的方式反对我在此表述的观点，例如，它否认像“礼仪行为”这样的概念终极上的不可化约性，而论证人类行为的一种行为主义的或物理主义的取向。在此，我觉得，这个运动受到罗素和怀特海的《数学原理》，以及维也纳学派的著作的启发；更具体说，最近的趋向也许以 H. 费格尔(Feigl)和 M. 布劳德贝克(Brodbeck)的《科学哲学文集》(纽约，埃坡顿-塞丘克劳夫特，1953 年)这样的标准选集为代表，还有《明尼苏达科学哲学研究》系列丛书。另一种趋向根源于 L. 维特根斯坦的后期著作，以及 G. 赖尔(Ryle)、J. L. 奥斯汀(Austin)、P. F. 施特劳森(Strawson)、约翰·威斯德姆(John Wisdom)等等。这些分析学家集中分析自然语言(因此，不是“形式的”语言)，他们以这样或那样的方式论证说：切入“思想”和“行为”的行为主义-物理主义取径根本是误入了歧途。他们极为详尽地阐明了一些尽管不完全一致，但有家族相似性的其他一些分析，证实在“行为”、“思想”的语言与我实际上在此所称的礼仪行为，以及物理科学的数学-物理语言之间存在着一种根本的、逻辑的差异。

⑩ 在冯友兰的各种著作中，或多或少地明确采取了这一立场。《论语》最明显的一章——事实上是完全明确地谈论“正名”的惟一一章(《子路第十三》第 3 章)——在文风上显然后起得多，而在内容上也不同于《论语》的核心思想。参见韦利《孔子的论语》，第 172 页。

即便如此，这一章本身并没有说名称必须和“实际”相“符合”（冯友兰《中国哲学史》，第60页）；同样，朱熹在《论语集注》中对正名的解释也不是这样。它也没有说“名”一定要和“（真）实（truth）”相符合（理雅格），也没有说“语言必须与它所意味的东西相符合”（韦利）。文本本身只是说，名（或语言）必须协调一致（所需要的，或所相称的）。但这仍有含混不清之处：语言必须与自身作为其中一部分的活动（礼）相符（君要像个君）吗？或者语言必须使名称和被命名的事物相符吗？我本人的观点是，这种区分本来就是不清楚的，两种意义在心里都是不言而喻的，甚至在《荀子》一书中，如果一个人头脑中带着这一问题来仔细阅读，这一问题并没有以这样或那样的方式得以清楚地表述，尽管人们总是以为他好像肯定地说到名称和被命名的事物。然而，这很大程度上是由于我们西方人对这种语言如何运作的传统的（但现在还没被广泛地抛弃）思想学说存有偏见。它受到在中国也有发展并且成为正统注释的一部分的类似观点的支持。一旦我们认清语言有这种礼仪的或实施性的作用，原始文本就开始以不同的方式来加以解读了。

18 第二章　一条没有十字路口的大道

在《论语》中，孔子在他的学说中没有对有关选择(choice)或责任(responsibility)的语言加以详细阐述。他偶尔使用大致接近有关选择或责任的语言的用语。如果说那些用语在西方有关人的哲学与宗教理解中居于核心而且构成一种特征的话，那么，在《论语》中，这些用语并没有以这种方式得到发展或详细地阐明。具体而言，尽管这些用语与本体意义上个人真实选择以创造自身精神命运的终极力量的观念紧密交织在一起，同时也与精神原罪以及对这种原罪进行忏悔或惩罚的观念紧密交织在一起，但是，孔子并没有详述这些有关选择和责任的用语。

确切地说，由于我们西方人是如此深入地沉浸在一个由选择和责任这样的词语所构想的世界之中，因此，采取另外一种十分不同的方式，也就是用孔子的方式来看待这个世界，对于我们来说就是有益的。毕竟，孔子深切地关注于去理解人以及人在社会中的地位。他专心致力于定义和阐明我们称之为道德问题的思想学说。他是一个伟大和具有原创性的人师。那么，孔子是如何省略这种以“选择”和“责任”为中心的整个复杂概念系统的呢？

我们必须立刻意识到，孔子没有发展出选择和责任的用语，并不意味着不能作出选择或不能承担责任。在孔子的时代，就像在我们这
19 个时代一样，一些人比另一些人更有责任感。同样显而易见的是，古代中国人也作出选择。我并不能如此肯定我们能在我们(西方人)使用这

些词语的意义上自如地谈论罪过、忏悔或应得的惩罚。而且，我们使用这些词语所指示的实在(realities)也不存在。惩罚的概念，在中国古代的确存在，它是那种威慑性或制止性的(deterrent)惩罚——不是那种为了洗涤罪过的精神上赎罪式的惩罚，而是一种严厉的“教训”(lesson)或酷刑，以制止未来的胡作非为和违法乱纪行为的再次发生。

然而，对于后面这个问题，我们在此不予争辩。我们能够承认的是，在“选择”和“责任”的情形中，它们所指示的实在是委实存在的。不过，尽管我们这些处在西方世界的人拥有一种精心设计的语言，去详细地表述这些实在并追溯出它们内在的形态和动力，但是，孔子(及其同时代的人们)却并不具有这样的一种语言。他们并不格外重视这些道德的实在，而对于他们同时代的古希腊人和近东的阿拉伯人来说，这些实在却极为重要。

或许，开始阐明这种“省略”的最富有启发性的方式，是考察《论语》中的基本意象。这种基本意象以“道”为中心。道就是方法、途径、道路，通过共同的比喻意义的延伸，它变成了中国古代的“人生之正道”、“治国之道”、“人的存在的理想大道”、“宇宙之道”以及“存在本身创生性-规范性(generative-normative)的方式(模式、途径、路线)”。(在《论语》中，“道”从未采取作为“言语”或“言说”这种罕见但却可能的意义。)

《论语》中有关“道”的意象，是由路途上旅行的比喻来主导的。文本中频繁而有代表性地出现的书面文字，其意义有道路、途径、行走、踪迹、遵循、贯穿、从何处来、到何处去、进入、离开、到达、前进、垂直、曲折、水平、平坦、停止、方位。

毫不奇怪，“道”的概念与孔子的中心概念“礼”十分相近。对孔子来说，“礼”是伟大礼仪的明确而细致的模式，那种伟大的礼仪就是社会 20
交往，就是人类生活。从直道而行的意象转换到恰当地遵循礼仪，是一件轻而易举并且颇为亲切的事情。我们甚至可以把“礼”想像为“道”的地图或具体的道路系统。

如果有这样的意向，那就很容易把这种道路意象(path-imagery)引入选择、决定和责任的观念之中。我们只需要引介那种从十字路口中派生出来的意象就可以了。对我们来说，这是道的意象的一种明显的详尽阐释。然而，虽然这种意象完全适合，也非常普通地可以作为选择的比喻来加以使用，但是，它在《论语》中却**从未**被使用过。

的确，作为任何被充分阐释了的道路的一种要素，十字路口的意象是如此的自然，以至于只有最深切地坚信宇宙的观念具有基本明确的意义、具有一种一元的肯定的秩序，才可能忽视十字路口这一意象的比喻意义。对于大道之上的旅行者，那种比喻意义构成一种挑战。当我们注意到孔子把正确地遵循真实的大道的其他选择看成是步入歧途、迷失或放弃那真实的道路时，孔子这种对于一元的、肯定的秩序的信守（commitment）也是显而易见的。也就是说，这个一元的大写秩序的惟一“替代物”就是无序、混沌。

如果遵循这个真实的大道，最终会到达哪里呢？这个旅程的终端有一个目标吗？孔子的道的意象并没有引领我们去沉思人们到达一个命定的或理想的地方，不管那个地方被描绘成海港、家园还是黄金城。相反，君子到达的是一种境界，而不是一个处所，是一种从容中道的境界。他达到身心安宁、平静无纷扰的状态（tranquil state），这种状态来自于对求道或行道的深切体会，并且认识到求道或行道本身就具有终极和绝对的价值。因此，从这个方面看，既然人们不必到达地图上
21 所标出的任何一个特别的地点，那么，也就用不着花时间去“达到”目标：达到目标不过是使自己当下立志求道或行道而已——确切地说，就是正确地理解和体会道的内在和终极的价值与意义。

每一个人都可以循道而行，无论他个人的发展与技能处于道的什么层次，也无论他的学问处于什么水平。因为对于那些还不够完善的求道者来说，只要全心全意致力于学道，怀抱着对于道的坚定信念，这本身就是道。然而，虽然学习者也许是为学习而求道，但他不能停顿下来半途而废；由于他现在还只是个学徒，离大师、仁者、完美地践行“礼”的人（圣贤）、真正高贵的人（君子）还很远，因此，他任重而道远。

在《论语》中，关于人的基本概念是：他是一个生来就要进入这个世界之中的人——更具体地说，进入到社会之中的人，具有被塑造成一个圣贤君子（a truly human form）的潜质。一开始，他是一块原材料，一块璞玉，必须通过学问的滋养和文化的熏陶才能够得到精心制作，

必须通过礼的型塑和约束。这种对原材料的加工，“切”、“磋”、“琢”、“磨”(《学而第一》第 15 章)，可能做得很好，也可能收效甚微。通过他个人艰苦并且方向正确的努力和老师对他的良好训练，如果做得很好，那么到了那种程度，他就会直道而行。如果没有能够按照理想塑造好，那么，由于这个缺陷，他将会偏离大道。

这样看来，就不存在**真正的**选择：人们不是遵循大道，就是偏离大道。要选择大道之外的任何其他“路线”，都不是真正的道，而是一种失败，因为走上**这条**路线意味着人性还存在着弱点与缺陷。如果我们所说的选择就是根据行为者的力量从几个同样真实的选择中挑选一个选择的话，那么，无论孔子的思想学说还是概念意象，都没有给选择留下空间。相反，它把选择的任务表达成：要么坚定不移，尽力行道，要么过于软弱而**无**力行道，步入歧途，彷徨不定，寻求虚名浮利和个人舒适的海市蜃楼。

诚然，孔子曾说：“一个人如果遇事不多想想，反复问自己，‘如之 22
何，如之何？’那我对他也就不知道怎么办了。”(《卫灵公第十五》第 15 章)* 孤立地来看这段话，我们也许倾向于把它解读成为一种对于选择的关心。然而，根本无需如此。我们没有必要把这段话解读成“怎么办——我选择哪一个，选择这个还是不选择这个？”相反，可以假设这段话并没有暗示存在着多种选择的概念，但是预设了惟一要做的正确的事情，这时问题实际上变成了——“怎么办，它**是**正确的吗？它就是道吗？”用更一般的说法，它的任务并没有被构想成是一种选择，而是努力把一些目标或行为分成客观上正确(“是”)或不正确(“非”)两类。因此，道德的任务或使命也就是要做一个适当的分类，在礼的框架内来定位行为。

《论语》中有两章记述了孔子谈论“崇德”、“辨惑”的问题，“惑”字可以翻译为人心的一种“迷惑”(deluded)，或“错误”(error)，或“疑惑”(doubt)，但是，韦利(Waley)却把它翻译为“决疑”(deciding when in two minds)的问题。尽管韦利的译法使选择或决定成为一个问题，但

---

* 原文是：“不曰‘如之何，如之何’者，吾未如之何也已矣。”——译者

是我认为，孔子对“惑”这个概念的阐述表明：对于从哲学上理解孔子这一目的而言，韦利的翻译恰恰是一种误导。在《颜渊第十二》第 10 和第 21 这两章中，惑的意思不是指对选择哪条路线的疑惑，而是指一个人内心的想法或行动中的矛盾和冲突。意译这两章文本的主旨，大意是这样的：对一个人爱起来希望他（她）——或许是亲属——生活幸福，健康长寿，但厌恶起来，则又恨不得他暴卒身亡，或者出于一时气愤，干出蠢事，结果危及自身。* 在这样的矛盾和冲突中，所提出的任务不是**选择**或**决定**，而是区分或**辨别**各种矛盾冲突的倾向。此外，在每一章里，当我们已经明辨了一种倾向与另一种倾向的差别所在时，对于哪一种倾向是正确的，我们就毋庸置疑了。简言之，任务是由知识而非选择来提出的。作为这两章中的关键词，“惑”在此意味着“受到一种无礼的倾
23 向或趋向的迷惑或者**误导**”。至于要选择哪一种倾向，则是没有疑问的。

《论语》中还有一章和选择有关，特别有趣。在我看来，这一章要比其他任何章节都更能够呈现出一种情境，在这个情境中的问题，就像我们定义的那样，是一种在道德准则（code）方面的内在冲突，这是一种要由个人选择来解决的冲突。《子路第十三》第 18 章中向我们叙说了一位名叫“直躬”的人，他的父亲偷了人家一只羊，他亲自去告发他的父亲。告诉孔子这件事的叶公引以为自豪，认为直躬是一个正直的人。然而孔子却机智地表示了不同的意见，孔子说在他的家乡也有这样一个被认为是正直的儿子，却为他的父亲作了隐瞒，保护了自己的父亲，这个儿子也被认为是一个正直的人。

由于把选择的必要性置于两种相互冲突的道德要求之中，于是，这一章就能够作为一个典型的案例。西方人几乎不可避免地会以如下的方式对此进行详细阐述：他们会强调，在这种情况下，我们确实有知识（知道尊重法律是正确的；保护父母也是正确的；两者都有深刻的

---

* 原文是：“子张问崇德、辨惑。子曰‘主忠信，徙义，崇德也。爱之欲其生，恶之欲其死；既欲其生，又欲其死：是惑也！”

“樊迟从游于舞雩之下，曰：‘敢问崇德，修慝，辨惑。’子曰：善哉问！先事后得，非崇德与？攻其恶，勿攻人之恶，非修慝与？一朝之忿，忘其生，以及其亲，非惑与！”——译者

不可推诿的责任)，但如果这两种深刻的责任发生冲突，**我们**就必须作出选择。正是在这种需要作出紧要选择的必然性之中，存在着悲剧、责任、罪恶和忏悔的种子。但是，这种看问题的方式，尽管对我们西方人而言显然是一种可能性，却根本不为孔子所采用。正是看问题的这种显而易见性，使得孔子无法对这种方式表示任何的认可。我们没有比这更好的证据来说明，对于孔子来说，在各种真实的取舍之中，从来没有发生过真正的选择的问题，或者对他来说，至少作为一种根本道德任务的选择的问题从来没有明确地发生过。孔子仅仅表明了**他**看待这个问题的方式，通过说那是礼的习俗这一方式，孔子机智地处理了这一问题。这里并没有任何东西提示出一种决定性的问题，所有的东西所提示的只是这样一种情况：对于叶公而言，问题所在只是一种知识的欠缺，一种有关道德判断的简单错误。

在我们西方人明显看到一种令人困惑的选择那样一种情境中，孔 *24*
子却什么也没有看到，整个《论语》中只提到了一次这样的情境，这一事实支持了我们的这种看法。我们知道，在孔子生活的那个时代——那样一个经历着格外剧烈的社会痛苦和巨大的社会转型的时代，在中国人实际的日常生活中一定充满着许许多多这样的情境。此外，当我们考虑到孔子的道德家身份以及他对人性的深刻洞察力时，他没有能够看到或者提到这样的情境中内在道德冲突的问题，这只能有一个解释：他的兴趣、理念和关怀，简言之，他全部的道德和思想取向，是另外一种不同的方向。

任何依据**选择**观念可以理解的事，也可以借助孔子的方式得到解释。孔子的这个任务就是：在礼的秩序内把那些根据初步印象可以选择的道路进行客观分类，以期发现哪一条路是真正的道路，探索哪一条道路是惟一一条光明璀璨的道路，哪一条道路或许只是空旷的灌木地带，只会把我们引入荆棘丛中。我们只需要作出不言而喻的假设：宇宙间存在着大道，那就是自我一贯、自我确证的道路。

作为人类存在的一个极其重要的特征，选择的观念仅仅是各种观念密切相关的复合体之中的一个要素，同时，缺乏这样一种选择的观念，也反映了缺乏这个复合体的其余部分。在与选择紧密相关的一些主要观念当中，有道德责任、罪过、应得的（果报的）惩罚和忏悔。

有时，当我们说到某人对某事负有责任时，我们仅仅是指他充当的角色在使事情发生方面是一个关键的因素。这里，意义的问题是复杂的，但这个习惯用法的一般倾向，就是把责任作为导致后果或因果性的一个问题来处理，而不是作为道德责任。

这种责任的因果性概念，古代的中国人十分熟悉。对由谁或什么
25 引起了某种状态的事情这种问题，不乏明确的讨论。但是，讨论当然没有在可以翻译成“责任”的标题下进行。因为责任这个词的本义是道德的，而就其仅仅和因果性相关的使用而言，则是一种去道德化的（de-moralized）派生的用法。“责任”的本义当然不是“引起”或“产生”，而是“承担”或“回应”（respond）；这个根本的问题是：谁必须对事物发展的道路承担责任？有义务为事物发展承担责任的人将和事物发展有某些实际的或潜在的因果联系，但并非每个这样的人都有义务为事物如何发展承担责任。

一个人应当尽他的责任，按正义行动，孔子这种强烈的关怀反映了我们西方人责任观念的一个方面。但是，如果说这就是具有我们责任概念的特征的所有内容，那就是一种重复，只不过是以另外的一种方式来谈论一个人应当尽其责任或者正当地行动而已。赋予这种责任思想观念独特内容的，是从词根“response”派生来的。其中蕴含着独特的个人信守——**我**对这种行为（deed）负责；它是我的责任——这继而又把（道德）责任的观念和罪过、应得的惩罚及悔改的观念联系起来。正是那个必须承担责任的人，在他的承担或担当里包含了罪过与受罚、痛悔与自新，或价值、尊严、奖赏等等这样一些与道德责任相关联的内容。

由于某种特定的功利主义的观点，这种观点大意是说：责任最终是一个单纯原因性的观念，这个问题在西方可能被弄混淆。按照这种观点，“责任”应当被认作仅仅是对过去原因的诊断，目的是影响未来事情的发生；在保证未来预防（prevention）的人类的因果链条之中，惩罚和奖赏可以被安排在任何的环节。如果当前的惩罚会震慑未来的违法乱纪行为发生，那么，这些惩罚就是正当的；如果惩罚不能起到威慑

的作用，或者在某种特别情况下它们还会对违法乱纪的行为产生推波助澜的作用，那么，就表明需要撤销惩罚。忏悔的理由和价值完全在于 26
忏悔的结果使得未来不至于重蹈覆辙，不在于和过去行为的道德方面有任何联系。由此，像罪感这样的价值，也一定可以用类似的基本原理来加以说明。在最近的哲学讨论中，功利主义观点的某些更微妙和更复杂的形式得到了强化，但这些观点并不能够消除由那些简单的看法所明显导致的困惑。孔子使用了有关制裁（sanctions）违法行为的语言，这一事实致使翻译者把这种语言译成了“惩罚”（punishment）。很自然，这误导了不够警觉的读者假定了这样一种看法，即认为孔子领会并使用了我们西方人的惩罚的概念（具有它的道德罪感的本义）。

在孔子那里，这种观点从来没有出现，这种观点是古希腊-希伯来-基督教文化传统所独有的，并且，在很大程度上，这种观点与功利主义有着深刻的冲突。这种观点认为，惩罚的正当性并不能仅仅根据其结果而得到论证，而是由于在其之前所发生事件的原因而成为**理所当然**（deserved）。对于先前的问心有愧的过失行为，惩罚是通过一种道德上负责的力量而产生的一种恰当的道德回应。随之而来，忏悔并不仅仅是一种手段，这种手段是恰当的或者不依赖于**它的**心理后果。它是**为**过去的行为而忏悔。忏悔是对过往错误行为的一种道德的回应，对于那过往的错误行为来说，一个人应当负有道德上的责任。内疚是由于行为过失而自然增长的一种道德上（或精神上）的资产。

如果惩罚被赋予或接受为一种真正的道德经验，那么，惩罚就是一种道德债务的偿还或支付—— 一种操行记录的清欠。当然，作为结果，一个人也许还倾向于更加厌恶将来犯下类似的错误，更加厌恶它所带来的罪恶感，更加厌恶惩罚所产生的痛苦以及非常不道德的不适感。并且，如果忏悔是真诚的，那么，它就构成一种与自我相对抗的表达，这种与自我的对抗状态是由于一个人先前的行为方针，是由于对道德负疚的承认。由此而来，忏悔也就表明了对于将来另一种不同的 27
行为方针的重新服膺。因此，在通常情况下，基于道德特征之上或者基于与德性相关的行为之上的内疚、惩罚和忏悔的各种**结果**，便很可能是颇有助益的。这里有一种功利性的价值。然而，对于每一种结果来说，其道德的**基础**——这赋予了那些结果以道德地位——却是以往的过失行为。对此，一个人负有道德上的责任。假如“惩罚”、“内疚”和“忏悔”与那人所负有责任的先前的道德错误无关，那么，我们所需要的就只是社会工程或者管理而不是道德教化了——确切地说，这就是孔子为什么对“惩罚”的使用不以为然，而在相反方向上看到了他自己的积极的主张。

对孔子来说，道德教育就在于学习礼的准则(codes)，学习文学、音乐和一般的文化艺术。在这种学习过程中，人本身的努力提供了“推动”作用，但目标的内在崇高性则起了“导引”的作用。正是通过**做**一个精神上崇高的人(君子)，老师——或君王——才将他人吸引到了道的方向上。也正是道才有这种力量，这种力量是从容自然、无形无象、神奇非凡的。这便是《论语》的特征：除了一处明显是后来“法家”(Legalist)文字的窜入之外(《子路第十三》第3章)*，在每一种情形下，作为不情愿的替代物，刑罚的运用都明显地与“德”(virtue)、“仁”(humaneness)、“礼”(ceremonial propriety)以及作为相关策略的“让”(yielding)的运用相对立。《论语》直截了当地提出这个问题：要么能用礼让治国，要么不能(《里仁第四》第13章)**；如果不能以礼让治国，那么就用不着欺骗自己，我们最好还是使用“刑罚”的手段，或者惩罚或者奖赏。因为这种手段能够以强制的方式或者通过付出代价来影响人们。但是它们不是真正的人道的(也即道德的)方式，它们也不会建立一种真正的人道的生活。缺乏任何道德愧疚或道德责任的概念作为罪过的基础，进而使惩罚作为**道德的**果报(retribution)，孔子便无法在刑罚的运用中看到任何人道的潜质。

28 我们不应当假设：对这些问题的相反看法亦即赞成“功利主义”的观点和那个时代中国人的心灵格格不入，而应当认为：孔子抛弃功利主义的观点，这恰恰是孔子本人观点的特征。显然，孔子的观点与很快变得很强盛的所谓“法家”的思想相对立。法家宣扬的典型思想是：除

---

* 原文是：“仲弓为季氏宰。问政。子曰：‘先有司，赦小过，举贤才。’”——译者

** 原文是：“子曰：‘能以礼让治国乎？何有？不能以礼让为国，如礼何？’”——译者

了"大棒加胡萝卜"这种软硬兼施的两手政策外，依赖任何事情都是脆弱的自欺。他们认为：道德的方法是虚伪的，对道德践履者而言，那最终是一个圈套或者陷阱。

> 夫虎之所以能服狗者，爪牙也。使虎释其爪牙而使狗用之，则虎反服于狗矣。人主者，以刑德制臣者也，今君人者释其刑德而使臣用之，则君反制于臣矣。[1]

这段法家的文字与孔子的思想截然相反。孔子说：以法制禁令来统治人民，通过严酷的刑罚而使其保持秩序，老百姓就会逃避刑罚而无所羞愧；但以道德的力量来治理人民，用礼来维持秩序，那老百姓就不仅会有羞耻感，而且还会自觉地改正错误。(《为政第二》第 3 章)*

然而，它们有一种不言而喻的共识：如果说惩罚根本上有什么作用的话，那就是具有纯粹功利主义的作用，在实践上起到威慑或制止的作用，而不是起到道德赏罚(moral desert)的作用。更确切地说：无论在《论语》还是法家思想中，都还没有出现作为道德赏罚的惩罚的概念。因此，我们在这里必须避免把道德的意义读到惩罚这个词里去。

此外，如前所述——现在则需要更为详细的论述——《论语》没有发展出内疚和忏悔的概念，以之作为一种对于过失行为的道德回应。
我们认识到，一个人也许因为实际的理由而后悔他过去的行为；他也 29
许改变路线而遵循大道。然而却没有那种"内向"的罪感的污点。照例，这将使我们更加仔细地考察与这个论点相近的一些明显例外，不仅仅为了支持这个论点，也是为了更好地解读文本，而不是把我们自己的思想观念读到文本当中去。

《论语》里有些篇章处理的是"耻"的问题，另外一些篇章处理的是有关内在的污点的问题；最后一章似乎要求内向的自责(内疚)。因此，所有这些都至少提示了对道德责任以及与内疚相关的一些概念的一

---

* 原文是："子曰：'道之以政，齐之以刑，民免而无耻；道之以德，齐之以礼，有耻且格。'"——译者

种相对明确的关怀。

前文引证时曾提到一次“耻”的概念：依靠刑罚或惩罚（也就是使之恐惧）来统治的地方，老百姓就不知羞耻；而依靠道德治理的地方，人民就有羞耻感。（《为政第二》第 3 章）“德”也许可以翻译为美德的力量，或者是仁而遵礼的人的美德；它是道所蕴涵的内在美德或力量。它和物质性的或强迫的力量截然相反。因此，这里例举的这一章也和其他篇章一样，很清楚地表明了羞耻被孔子理解为一种道德的反应。同时这也产生一个问题，即“耻”这个术语是否真的等于西方说的“内疚”(guilt)而不是“羞耻”(shame)呢？“耻”肯定最接近于孔子开始提到像内疚的一些东西，所以，我们需要对这个词仔细地加以考察。

“耻”的概念出现在好几处语境中。有一组对话处理的问题是他们自身对于物质利益的关心或占有——例如，锦衣、玉食和富贵（参见《里仁第四》第 9 章，《泰伯第八》第 13 章，《子罕第九》第 26 章，《宪问第十四》第 1 章）。这些物质利益的获得，如果背离了道，理所当然都是可耻的。另一组言论关注的是一个人公开的承诺，“耻”则来自于不能信守这种承诺（《里仁第四》第 22 章；《宪问第十四》第 29 章）。还有一组对话关注的“耻”是言过其实、巧言令色、阿谀奉承、妄自尊大和佯装不知等等（《里仁第四》第 22 章；《公冶长第五》第 14、24 章；《宪问第十四》第 29 章）。最后，更一般地说，“耻”尤其是一种与“辱”密切关联的道德反
30 应，《论语》里好几次把它与辱(disgrace)配对使用，在这些语境中，耻大致是讲公职官员的私人行为使他的官方角色蒙受羞辱（《学而第一》第 13 章，《子路第十三》第20 章）。

如果我们没有认识到在看问题的视角上的这些重要差异，那么，这些有关耻的文本就会很容易把孔子所说的“耻”同化于西方人的“罪”。然而，这些差异对我们这里讨论的问题极其重要。尽管耻肯定是一个道德的概念，并标示一种道德的状况或道德的反应，但与它相应的道德关系却是指人与其由“礼“所规定的地位和角色的关系。因此，耻看起来是“外向”而不是“内向”的。它涉及花言巧语、牟取不义之财、矫揉造作的外表和虚伪的品行。它不像罪那样是一桩内心深处的事、一种对于内在堕落的抗拒、一种自我谴责，以及这样的一种感受：人

乃是一个人格的存在，独立于其公共的身份地位和名誉声望，也不关乎毁誉褒贬。

然而，要是假定“耻”所涉及的是“单纯的表象”(mere appearances)而非道德的实在(moral realities)，便将是一个基本的错误。孔子关于耻的概念是一个真正的道德概念，但它更加倾向于以礼为中心的道德，也就是传统礼仪所规定的社会行为，而不是倾向于一个人存在的内在核心——“自我”。在孔子的“耻”中，其本质就是对于道德秩序的侵犯，这一点并不亚于西方的罪概念。在孔子的“耻”与西方的“罪”两种情形中，一种个体人格的回应，一种充满道德色彩的情调，同样都是极其重要的。然而，在这两种情形中，人们阐释和处理这种感情的方向是不同的。诚然，对于罪感来说，其根据是某些不道德的行为或对其他人而不是对自己的背叛，但是，罪感的对象却是自己。究极而言，罪感是对自己的一种攻击，而羞耻感则是攻击某些具体的行为或外在的条件。“耻”是一个有关“面子”、尴尬和社会地位的问题。“耻”说：“改变你的方式；你已经丧失了荣誉或尊严。”“罪”则说：“改变你自身；你的灵魂受到了玷污。”圣奥古斯丁(St. Augustine)能说：“我的灵魂出了毛病”，“它受到了伤害”，“它陷入了泥潭”，只有上帝才能把我们从困境中 31
超拔，并洗涤我们满身的污泥，救助我们病痛的和可怕的灵魂。即使对于最漫不经心的读者，我们也用不着提醒：对《论语》来说，这样的意象或者类似的腔调完全是另类的(alien)。

《论语》里有两章提示了道德败坏，乍一看，也许使人认为那接近于西方所说的如奥古斯丁所思考的那种精神堕落。有一章说的是宰予在大白天睡觉(“昼寝”)(《公冶长第五》第9章)。这一章说明了在意义上孔子的意象是多么不同于俄耳甫斯(Orphic)、希伯来人(Hebrew)或基督徒的意象。宰予是一个整天睡懒觉的人，孔子说他“朽木不可雕也，粪土之墙不可杇也”。这里，一种纯粹死寂的、被动的和对内在道德价值麻木的状态，取代了奥古斯丁的那种活动性的疾病、爆发性的伤痛。宰予在最大程度上丧失了做一个道德的人的能力。然而在奥古斯丁的意象中，那种精神堕落的罪恶所体现出的内在紧张和动力，却是其道德关怀与迫切转化(imminent conversion)的**生命力**的尺度。

《论语》中有关道德败坏的第二次陈述确实提到了内在的病态——内疚。正是在这个意义上说，一个人如果内省不疚，那么他自然就会不忧不惧(《颜渊第十二》第 4 章第 3 句话)。[*] 然而，这样使用"病态"或"内疚"的意象是孤零零的，在《论语》中是独一无二的。我认为，我们能把这段有关内疚的孤立言论作为一种特例、一种未详加阐述的比喻来处理，它不像许多其他的比喻，孔子似乎没有兴趣对它作进一步的阐明。它肯定不是一个中心思想学说的确切说明或比喻。因此，它的确切所指仍然是含糊不清的。但是，我们不大可能感受到这一点，因为我们西方人对于这个意象是如此地熟悉，并且，在**我们的**习惯用法中，它具有对我们来说非常丰富的意义。

这里还有其他两章需要讨论，因为它们非常明确地要求一种"内向"和"自责"的取向。在《里仁第四》第 17 章中，孔子告诫我们见到别
32 人不贤，要反观而"内自省"。在另一处，他则悲叹这样的事实：没有人能够看到自己的过错而"内"自讼(《公冶长第五》第 26 章)[**]。我们有关内在生命的丰富背景意象似乎一再使这些篇章成为简明的证据，说明孔子理解自我的内在世界、罪感的内在世界，或者像理雅格(Legge)所提出的那样②，孔子意识到了良知和道德责任的内在世界。

也许这种认识，连同《颜渊第十二》第 4 章中的"内疚"——我们在《论语》整个文本中发现总共只有这三处言论涉及"内省"——应当促使我们在推想孔子谈及良知和罪感时要更加小心。因为如果良知或者罪感被完全清楚地认识到了，那么必定很显然，它们对于大多数人的道德生活会极其重要。如果孔子在其心目中预设和强调了一种"内在"生活的概念，那么，为什么在《论语》大约五百章中只有三次提及这样的内在生活(其中不少章还都是处理了一个以上的主题)呢？又为什么仅有的这几次提及都是那么的模糊不清、语焉不详呢？我们知道，孔子从不犹豫地一再重复和详尽阐述其他一些概念，诸如"道"、"仁"、"德"和"礼"，并且，在总体上和一切细节上，《论语》都主要是道德化的

---

* 原文是："子曰：'内省不疚，夫何忧何惧？'"——译者

** 原文同上。——译者

话语，因此，除了上述这些概念之外的这一种类型，就提请我们对有关良知、罪感和内在生活的主题进行详尽的阐释。

事实上，上述最后两处言论中所用“内省”的意象，在其他不同的语境中读起来，也许和孔子的思想主旨完全一致。在《里仁第四》第17章中，孔子告诉我们要“见贤思齐”，但是，当我们遇见不贤的人又怎么办呢？在像孔子生活的那样一个充满了政治斗争、社会竞争、军事战争和聚讼纷争的时代，自然的倾向就是，利用别人的缺陷从中牟利。然而， 33
孔子却不是这样做的，他告诫我们要“内自省”（《里仁第四》第17章），要“内自讼”（《公冶长第五》第26章）。关于内自省的说法完全是模糊而未详加阐明的。关于“内自讼”的言论也很可能发生在一个相当特殊的而当时又非常普通的情境中，也就是说，诉讼和打官司的现象已在社会上闹得沸沸扬扬。十分自然的是，在这样的语境中，孔子的言论实际上是在说，不要只去挑别人眼中的木刺，而更应当知道自己眼中有根横梁。在《公冶长第五》第26章中，孔子关于“内自讼”的言论，也类似于耶稣的“不审判”（judge not）。但是，作为一个道德比喻，它在整个《论语》中仅仅出现过这一次，而无论在《旧约》还是在《新约》中，却都充满了谴责、审判和裁断的语言。对于这种比喻适用于道德生活，我们西方人太过熟悉，因此，正是由于孔子只用了一回便放弃了，我认为我们便必须再一次作出推断：在思想系统上，孔子是另外一种致思取向的，在那个比喻中，孔子只看到了为特别目的而使用的、流行于当时的热门话题的意味。

就孔子而言，有更为积极的理由把这种“自责”作为一种仅仅为特别目的而使用的比喻，那是一种和他的主要精神方向不相容的比喻，仅在某个特定语境为特定目的而使用。不仅《论语》的整个精神**反对**讼争（litigation）（以及各种刑罚、强制性的政令[regulation]等等），而且孔子明确声称“必也使无讼乎”（《颜渊第十二》第13章）。“讼”这个词的标准用法更意味着讼争而不是一种道德立场。在这一章中，对于讼争的否定态度，以及带有道德意义细微差别的个别用法，有力地表明这种加强语气的感叹句要在一种反讽的意义上来加以理解：今天人们不断互相争吵，指控他人真实的或想象的错误行为——“如果他们这

么快就提起诉讼，那么，这就是为什么我要说我还没有见过任何人能看见他自己的过错而内自讼！”（《公冶长第五》第26章）*

在前面关于文本的讨论中，我考察了下述的可能性——孔子在实
34 质上的确用了选择、责任和惩罚作为道德的赏罚、罪感和忏悔来反省自身。我所得出的结论也许可以概括如下：尽管在“道”的中心意象中潜存着明确而丰富地阐明这种选择概念的可能性，但是，它显然被彻底地忽略了。并且，尽管有几处孤立的所指提到内疚、自责和内省——其中每个概念都可能有丰富的含义，适合用与责任、罪感和忏悔相关的概念加以解释——但是其中没有一个概念得到展开，或者以任何方式被孔子进一步地加以说明。它们仍然是孤立的、有特定用途的比喻，很可能在其原先所在的语境中带有某种反讽的或者关乎时局的意义。在流传到我们这里的那些含义隐晦的（cryptic）说辞中，这种意义如今已经失落了。最后，尽管《论语》更为频繁、更为系统地提到“耻”，但是，这种“耻”是与具体的外在财物、行为或人的身份地位相联系的一个概念。“耻”是一种道德情感，这种道德情感更多地集中于一个人和外部世界相关的地位和品行，而不是对一个人受到玷污的、败坏的自我的一种内向指控（内自讼）。按照原来文本的语境来理解，《论语》中没有选择-责任-罪感这样的复杂概念体系，正说明了有必要对孔子这样一位深刻洞察人性和道德的哲学家作出相关推断，与其认为孔子并没有拒绝这些正在被讨论的概念及其相关意象，还不如说在他的思想中根本没有提出这些东西。

那种正在**被**详细阐明并构成孔子思想主要框架的语言和意象，向我们呈现了一幅不同但却明白易懂的和谐图景。人在终极的意义上不是一种自主的存在，并不像我们西方人所说的，他具有一种内在的、决定性的力量，这种力量在各种真实的选择项（alternatives）之中可以作出抉择，从而塑造他自己的生活。相反，孔子认为人生来就是“原材料”，必须受到教育培养和文明熏陶，才能成为一个具有真正人性的人。
35 为了达到这一点，他必须以“道”为追求的目标，而“道”——通过它的崇

---

* 原文是：“子曰：‘已矣乎！吾未见能见其过而内自讼者也。’”——译者

高性以及求道之人所体现出来的崇高意义——必定吸引着他。这种结果并没有被构想为那样一种情况：强化一个人个人的力量，从而凌驾于社会或者物质环境之上，而是构想为这样一种情形：磨砺或稳固一个人所追求的“目标”或精神方向，为的是使之能够坚定不移地走上那条真正的大道，也就是成为一个高尚的有文明修养的人（君子）。行道之人使寓于道之中的恢宏的精神尊严和力量在他的身上得到了具体的表现。一个行道而不是悖道的人，他的行为是如此地“自然”和“和顺”，而远远不是被迫而为。这样的人过着一种具有人格尊严和精神圆满的生活，并与他人互相尊重，和谐共处，同时也允许他人过上这样的美好生活。

因此，对孔子来说，核心的道德问题不是一个人要对出于自由意志选择的行为负责，而是他所面临的这样一种实际问题：一个人是否适当地得到“道”的教育，以及他是否愿意勤奋地学习行道？对于不能遵守道德秩序（礼），恰当的回应不是因为一种虽然邪恶但却自由的负有责任的选择而自我谴责，而是自我的再教育，以便克服一种单纯的缺陷、一种力量的不足，——总之是人在“塑造”过程中的缺陷和不足。在这一点上，西方人倾向于强调由于缺乏勤勉的个人责任的问题。而在《论语》中，恰恰是这一类型的问题，却甚至从来没有被提到过。

最后，让我们来作一个提纲挈领的总结，对孔子而言，道德的问题可分解四个组成部分：（1）犯道德错误的人没有受到充分的良好的教育，不能够认识到或不能够适当分清什么符合正道，什么不符合正道；（2）他在某些方面还没有学会行道所必需的某些技能；（3）在所需要的努力功夫方面，他不能够**持之以恒**（这被理解为力量的问题而不是选择的问题）；（4）对于要从道而行，犯错误者有足够的认识，但他对于道 36
不能够有全然的信守，如此一来，他要么摇摆不定，要么故意歪曲礼的外在的形式以满足其个人的利益。

对于那种将人看做一种悲剧的、具有内在危机和罪感的存在，孔子的眼光没有为此提供基础。但是，他确实提供了一种社会取向、行动取向的观点，这种观点提供了人格的尊严。此外，当我们将这里所做的讨论置于孔子对人的看法的更大语境中时——这个语境正是本书下文将要进一步讨论的——我们就会发现，人的精神（灵魂）及其内在冲突的意象，对于某种关于人的概念并非是本质性的，这种关于人的概念就是：作为一种存在，人的尊严就是一种精微细腻（subtlety）、圆融周洽（sophistication）的生活的极致与圆成（consummation），在这样一种生活中，人类的品行可以通过自然的方式明白易懂，同时又能够与神圣的事物和谐相应；在这样一种生活中，现实事物、思想观念和精神灵性平等地受到尊重，并且，这些事物又在同一种活动——"礼"的活动中彼此和谐一体。

注 释

①《韩非子》（约公元前 250 年），引自陈荣捷《中国哲学资料》，第 256 页。（译者按：这里还原的中译文参见《韩非子·二柄第七》，《诸子集成》第五册，中华书局 1954 年 12 月第 1 次出版。）

② 参见理雅格《论语》，第 183 页，注 26。

第三章　人格的所在 37

毋庸置疑，对孔子来说，“仁”与像“礼”这样的其他任何一个概念至少是同等重要的。但与“礼”不同的是，在《论语》中，“仁”又笼罩着吊诡和神秘的色彩。“仁”似乎强调个体、主观、特性、情感和态度；简言之，它好像是一个心理学意义的概念。如果有人像我一样，认为《论语》本质的思想表达并不基于心理学的概念，那么，“仁”的诠释问题就变得特别的棘手。诚然，这里有关“仁”的分析，其主要结果之一，就是要展示孔子如何能以一种非心理学的方式来处理一些基本的问题，我们西方人是很自然地将一些心理学的用语投射到这些问题之上的。在汉语中，“仁”的心理的、主观的用法，是一种后起的产物，这种用法的意义同时受到了佛教注释很深的心理学偏见以及译者西方的、古希腊-基督教视野这两方面的影响。而孔子“仁”的学说中真正创新的那些方面，恰恰是我们需要发现而没有能够发现的；因为这些方面是新颖的，故而不容易套用我们惯于使用的带有心理学偏见的语言来加以阐明。

“仁”在英语里已有各种各样的译法，如翻译为Good(善)、Humanity(人性)、Love(爱)、Benevolence(仁慈)、Virtue(美德)、Manhood(人的状态)、Manhood-at-Its-Best(人的最佳状态)等等。对很多诠释者来说，“仁”似乎是一种美德、一种无所不包(all-inclusive)的美德、一种精 38
神状态、一种态度和情感的复合、一种神秘的统一体。它和“礼”以及其他一些重要概念之间的关系仍然是模糊不清的。让我们来看看是否能够提出一种意义，来精确而又清晰地表达《论语》的主旨。我们还将进一步检验我们对其意义的说明是否会证实孔子的话："我没有向你们隐瞒任何东西"(《述而第七》第 23 章)。* 但现在，我们必须对"仁"进行重新诠释。

韦利说，"仁"是一种"神秘的统一体"(mystic entity)。① 无疑，至少在文本的表面上存在着悖论。一方面，《论语》的文本告许我们，"仁"本身是一种重任：

> 士不可不弘毅，任重而道远。仁以为己任，不亦重乎？死而后已，不亦远乎？(《泰伯第八》第 7 章)

但另一方面，《论语》又对我们说："仁者先难而后获"(《雍也第六》第 20 章)。

最后，《论语》似乎还告许我们："仁"的获得既不困难，也不需等到困难克服之后。所谓"仁远乎哉？我欲仁，斯仁至矣！"(《述而第七》第 29 章)

此中有一点很明白："仁"对于理想的人生至关重要。如孔子所云：

> 真正在乎仁的人不会让其他任何顾虑置诸其上"(《里仁第四》第 6 章)。(另一个可取但同样有所侧重的译法是：真正关心仁的人不会被任何人超越。)**②

一个仁者的可见的和独特的特征是什么？对此，我们起先也感到困惑。《论语》告许我们，不仅孔子一般"罕言利与命与仁"(《子罕第九》
39 第 1 章)③，而且他好像还说仁者在提及"仁"是非常的谨慎(《颜渊第十二》第 3 章)。④ 然而，我们不能假设后者提供了一种我们可以依从的明确方向，因为似乎没有人能够找到一种孔子所接受的准则，来界定那些如今是仁者或者曾经是仁者的现实的人们。确实，如果我们考察一

---

* 原文是："吾无隐乎尔"。——译者

** 原文是："好仁者，无以尚之"。——译者

般公认为《论语》最早的那些篇章，那些孔子话语的最真实直接的报告，有关“仁”本身是什么的话是极为少见的。那些言论主要可分成以下几组：

在第二篇到第九篇，尤其在有穿凿痕迹的第十一篇到第十五篇，关于“仁”的大量言论都是否定性的，孔子屡屡拒绝将人们向他提到的一系列值得称赞的行为作为“仁”的必要标示。（参见《公冶长第五》第4、7、18 章；《述而第七》第 33 章；《宪问第十四》第 2、17 章）*

还有另外一组篇章，包括努力求“仁”的一些普通言论。正如我们前文提到的，求“仁”超出于任何其他的顾虑（《里仁第四》第 6 章）；君子无有片刻放弃对“仁”的追求（《里仁第四》第 5 章，“君子无终食之间违仁”）；“仁者先难而后获”（《雍也第六》第 20 章）。然而，“仁”的获得不是力量不足的问题，而是一个是否尽力的意志的问题（《里仁第四》第 6 章，“我未见力不足者”）。一个人可以为“仁”而献出自已的生命（《卫灵公第十五》第 8 章，“有杀身以成仁”）。

还有许多其他有关“仁”的言论也很普通，但却涉及到“仁”的种种 40
后果和伟大力量。没有“仁”，一个人不能久处逆境，也无法长处荣乐（《里仁第四》第 2 章第 1 句）。而那些仁者则可以安于“仁”，智者则可以由“仁”处得益（《里仁第四》第 2 章第 2 句）**。

“一日克己复礼，天下归仁焉”（《颜渊第十二》第 1 章）。这句话表示了“仁”的伟大力量，但有些模棱两可。“如有王者，必世而后仁”，这是说，如果有圣王兴起的话，那么一世之内（30 年——译者注）“仁”必

---

* 原文依次是：“或曰：‘雍也仁而不佞。’子曰：‘焉用佞？……不知其仁，焉用佞？’”

“孟武伯问‘子路仁乎？’子曰：‘不知也。’子问。子曰：‘由也，千乘之国，可使治其赋也，不知其仁也。’”

“子张问曰：‘令尹子文三仕为令尹，无喜色；三已之，无愠色；旧令尹之政，必以告新令尹。何如？’子曰：‘忠矣’曰：‘仁矣乎？’曰：‘未知；——焉得仁？’”

“子曰：‘若圣与仁，则吾岂敢？抑为之不厌，海人不倦，则可谓云尔已矣。’公西曰：‘正唯弟子不能学也。’”

“克、伐、怨、欲不行焉，可以为仁矣？子曰：‘可以为难矣，仁则吾不知也。’”

“子路曰：‘桓公杀公子纠，召忽死之，管仲不死。’曰：‘未仁乎？’子曰：‘桓公九合诸侯，不以兵车，管仲之力也。如其仁！如其仁！’”——译者

** 原文是：“不仁者不可以久处药，不可以长处乐。仁者安仁，知者利仁。”——译者

然会流行于天下(《子路第十三》第12章)。在后两种情形中,“仁”的力量都显然和其他条件即圣王或者“复礼”相联系。

有一章似乎说,“唯仁者能好人、能恶人”(《里仁第四》第3章),而另一章中又说,“苟志于仁矣,无恶也”(《里仁第四》第4章)。就后一章而言,文本是含糊的,并且,韦利在翻译这一章时重新措词,以至于给出了一个实质上相反的意思。在这样一个关键的问题上,当对一篇文字能够作出截然相反的诠释时,那么十分明显,这说明“仁”的概念是含糊的。

尽管有以上这么多关于“仁”的言论,但仍有一种观点认为,孔子“从未言仁”,因为对于“仁”**本身**是什么,我们所考察的这些言论实在并没有告诉我们什么东西,假使还有一些的话。然而,我们不应当假设孔子向我们隐瞒了什么东西,孔子说:“二三子以我为隐乎？吾无隐乎尔。吾无行而不与二三子者”(《述而第七》第23章)。我们必须完全认真地考虑孔子这种否认究竟意味着什么。韦利提出,孔子此处所论仅仅有关其行为,而不必关乎其深奥的学说。然而,正如我在此以及本书其他章节中所论证的那样,孔子之所以就行为方面而言,是因为对他来说,根本的东西是行为和公共环境,而不是深奥的学说或主观状态。我们再引证孔子的一段原话,至少能暂时撇开这个复杂的问题:[5]君子“先
41 行其言而后从之”(《为政第二》第13章)。

有关“仁”本身、其积极的属性、该用语的定义或至少是仁者的某些确定的特征,我们是否从孔子那里一无所获呢？如同人们可能预期的,在《论语》中存在着一些线索,尽管人们不禁会注意到,其中最明显的线索是在那些晚出或无论如何缺乏明确真实性的孔子言论中。

我应当稍稍忽略在晚出的一些篇章中归诸仁者的一些陈腐的德目,如“恭”(courteous)、“勤”(diligent)、“忠”(loyal)、“勇”(brave)、“宽”(broad)、“慈”(kind)(参《子路第十三》第19章“居处恭,执事敬,与人忠”;《宪问第十四》第5章“仁者必有勇”;《阳货第十七》第6章“恭,宽,信,敏,惠”)——这都是一些传统的德目,不能给我们任何的洞见抑或其他的助益。再者,这些晚出的篇章,尤其《阳货第十七》第6章,除了其真实性的问题外,它们还不是决定性的,因为正如我们前面

已经指出的，孔子多次表明，拥有这样一些德目，并不足以成就一位仁者（参《公冶长第五》第7、18章；《宪问第十四》第2、5章）。

还有一系列言论反映了“仁”的一种显著然而可疑的模式化特征，不过，其中大部分出自《雍也第六》第21章。正如韦利指出的[6]，这一章的文本看起来可疑，像是道家的思想，并且可能是讹用。它告诉我们：仁者安仁；“知者动”，而“仁者乐山”；“仁者静”，“仁者寿”（《雍也第六》第21章）。

有关“仁”本身的性质，现在让我们看一些最为具体和有帮助的言论：

> 己欲立而立人，己欲达而达人。能近取譬（也即以邻为己），可谓仁之方也已。（《雍也第六》第28章）[7]
>
> 克己复礼为仁。（《颜渊第十二》第1章） 42

在上述两段言论中，“仁”和人与人之间的关系紧密相关。在第一例中，这种关系是指人们之间一般的相互诚信与相互尊重（即“恕”与“忠”）；在第二例中，这种相互的诚信被赋予了一种具体的内容，即由“礼”所详细表达的一套具体的社会关系。总之，哪里有由“礼”所规定的具体形式来表达的相互的诚信和尊重，哪里就有“仁之方”（仁者的处世方法）。

因此，“礼”和“仁”是同一事情的两个方面，各自指向人在其担当的独特的人际角色中所表现出来的行为的某一个方面。“礼”指导我们注意有关品行和各种关系的传统的社会模式；“仁”则指导我们关注那些追求行为模式从而保持种种社会关系的人。“礼”也指符合其社会身份的特定行为，这种行为是恒常准则的榜样；“仁”则指表达个人取向的行为，表示他对于“礼”所规定的行为的服膺。“礼”又指称这种行为是公开的和可以区分的有序行为模式；“仁”则指称这种行为是某个行动者的一个不可分割的姿态，指涉他的独特性和个人性，以便与实施这个行为的独特个体和这个特定行为的独特境遇相联系。 43

我们更为熟悉的西方术语可能会把我们引入歧途。较之我以上所言“仁”是指态度、情感、愿望和意志，我们会被诱惑而走得更远。这种术语会引起误解。我们切不可把《论语》中孔子的术语心理学化。第一要认识到，“仁”以及与之相关的“德”和“礼”，在原典中都与用来表示“意志”、“情感”和“内在状态”的语言无关。我们从“仁”表示具体的人，“由此”进而认为“仁”表示人内在的精神或心理状况或过程，但是在《论语》中无法找到与此相对应的思想。可以肯定，并没有关于任何这种关联的系统或不系统的阐述。

上述论点惟一显著的例外，可见于《子罕第九》第 28 章和《宪问第十四》第 30 章。[*] 这两章都告诉我们：“仁者不忧”（“忧”大体相当于英文的 unhappy，anxious，troubled）。而且，语境表明，这是一种本质的特征，并非附带提及、无关紧要。因为这种明显内在的、主观的所指，也因为我们在此所作的提示有关于“仁”的某些核心的东西，我们就应当进一步检讨这些关键的篇章和“忧”这一用语。

在这两章中，我们看到其内在结构具有一种明显节奏性的对称。这里提到三种重要的德目，并且，在同样的句式表达中，每一种德目的特征都以否定的方式在一个词语中得到了表达。智（知）者不惑，勇者不惧，仁者不忧。前两句中几乎重复的特征，提示我们应当以一种类似的方式来理解“仁者不忧”。这样假定是合理的，就是说“忧”乃是“仁”的对立面。

因此，在此似乎需要对“忧”的意义进行仔细考察。它会使我们更
44 深刻地理解和确证本章所讨论的论点。

如果我们考察《论语》中使用“忧”字的其他篇章，就会发现任何一章的翻译因译者不同而有所差异，同一译者的翻译也因篇章不同而有所差别。例如：《季氏第十六》第 1 章有两处提到“忧”字[**]，理雅格译为“sorrow”，韦利译为“trouble”，莱斯列（Leslie）译成法语“regretter”，也

---

* 原文是：“子曰：‘知者不惑，仁者不忧，勇者不惧。’”“子曰：‘君子道者三，我无能焉：仁者不忧，知者不惑，勇者不惧。’子贡曰：‘夫子自道也’。”——译者注

** 两句原文：一是第 8 句冉有说，“今夫颛臾，固而近于费。今不取，后世必为子孙忧。”另则是第 13 句孔子说，“吾恐季孙之忧，不在颛臾，而在萧墙之内也”。——译者注

译作“embarras”。另外，在《述而第七》第18章使用的忧字*，理雅格译成“sorrows”，韦利译成“bitterness”，陈荣捷译成“worries”，莱斯列译成法语“chagrins”。这种模式再三出现，显然，对于一个无法完全对应的中文术语，译者们是在选择他们认为贴切具体的欧洲词汇。

如果我们注意看看所有这些用法是否有一个共同的含义，那就肯定会发现在所有的用法中，“忧”这个字意味着一种感到忧虑的（troubled）状况。“troubled”这个词既意味着“不安”（unsettled）、“不宁”（untranquil）和“困扰”（disturbed），也带有“最大的不祥和不快的含义”。像“忧伤”、“担忧”和“痛苦”这样的翻译都强调了我们称之为人的主观的状态、情绪与情感的那些东西。对西方人而言，这是一种自然的取径。结果是，如果仁者或多或少等同于不忧的人，那么“仁”便是一个心理学的术语，因为它似乎是“忧”的对立面。

然而，对实际文本——它提供使用“忧”这个字的语境——的考察，则显示了一幅不同的景象。在《为政第二》第6章中，父母为孩子的疾病而担忧（原文是，“父母唯其疾之忧”）。这里，我们看到父母的忧虑是指客观的、不祥的困境，是指困境中的客观的不安状态。他们对困境的反应也是一种忧虑和苦恼的反应。西方人很容易也很自然地把这种反应的“困境”定位在一种“内在的”心理状态中。然而，我们必须迫使自己看到这里的文本，注意至少在这一章中，没有任何心理意义的内在或主观的语言。孩子的疾病是一种可观察的状况，确实可以说，这就 45
是父母感到忧虑的反应。不是文本，而是我们自身不言而喻的预设，导致我们假定父母的忧虑必然被理解为植根于感到忧虑的“内在”状态之中。

在《述而第七》第3章中，孔子宣称：人的品德不培养，学问不讲习，道德不精进——这些使他感到忧虑。** 我们再次发现，人的回应是针对客观的无序和混乱，因为这些是与孔子之道背道而驰的：它们是**不良的行为**（misconduct）。在《述而第七》第18章，孔子说到他自己“乐

---

* 原文是：“其为人也，发愤忘食，乐以忘忧，不知老之将至云尔。”——译者

** 原文是：“子曰：‘德之不修，学之不讲，闻义不能徙，不善不能改，是吾忧也。’”——译者

以忘忧，不知老之将至”。这再次表明，与“忧”相伴的是那种不祥但十分客观的年老的种种不确定性。

我必须强调：在此，我的意思并非是说孔子的话语意在排除内在心理的所指。如果孔子内心早就有这样一个基本比喻，并看到它似乎有理，那么，他是本该能够做到这一点的，但经过考虑，孔子决定拒绝它。然而，这不是我在此所要论辩的问题。我的论点是：整个观念从未进入孔子的头脑。那种内在心理生活的比喻，我们西方人对其知之甚详，但在《论语》中却完全没有表现，甚至没有作为一种被否定的可能性而出现。因此，当我说上面那些使用“忧”字的篇章中没有指涉内在的、主观的状态时，我并不意味着这些篇章清楚而明确地排除了这样的阐述，但是这些篇章没有利用它，也没有为了可理解性和有效性而要求它。

在《颜渊第十二》第 4 章中，我们发现《论语》中最接近“心理意义”的“忧”的一种用法：“君子不忧不惧”。为什么？因为他“内省”时找不到“毛病”。* 这种“内省”的形象向我们提示了一种“内在生活”的观念。然而，我们一定不要忽视，我们所寻找的**东西**不是表现为一种“主观的
46 状态”，而是表现为“毛病”。无疑，孔子意味的是“道德的毛病”或“精神的毛病”之类的东西。也毋庸置疑，孔子的主要成就之一，就是以一种在中国前无古人的方式发现并教导我们：人的存在有一种精神-道德的维度。但有争议的问题是，他是否有系统地把这种精神-道德的维度定位在个人的“内心”之中？因为我们西方人除了用“内在的”语言和意象之外，几乎不可能设想这种精神-道德的维度，所以在这个问题上，我们要想学习孔子的教诲，首要的一步就是，至少要注意到，尽管这种语言使用的机会在《论语》中一再出现，但其阙如（从我们西方的立场来看）也是尤为明显的。可以料想，在此我仅想说的是，对孔子来说，精神是公共的（public）、“外在的”——但不是在这样一种意义上来说的，即它体现于各种神灵或其他一些非人的力量之中。

---

* 原文是：“司马牛问君子。子曰：‘君子不忧不惧。’曰：‘不忧不惧，斯谓之君子已乎？’子曰：‘内省不疚，夫何忧何惧？’”——译者

《论语》的文本确实显示了孔子至少在三个场合不明确地暗指了“内在”的方面,但另一方面,他又经常以详尽的用语谈到行为、举止和各种行为准则。尤有甚者,他提到“内在方面”和“外在方面”,总是通过确定毛病和缺乏道德发展的根源。作为道德发展的积极特征,成功始终是一件关乎客观行为举止的事情——这种行为举止则是关乎具体表现于礼之中的诚信和尊重。

在另外使用一系列“忧”字的篇章中,诸如《颜渊第十二》第 5 章、《卫灵公第十五》第 11、31 章,我们了解到,有人为没有兄弟(也就是说没有家庭)而忧,智者为未来而忧,——很自然,因为这是有关客观不确定性和潜在危险的两种主要状况。* 我们还知道,“君子忧道不忧贫”。这里,相关的还是带有不祥含义的客观的不定和不安的观念。君子并不处在通往财富的道路上,因此,在君子的行为举止中,任何有关财富的不确定,都不意味着感到忧虑和不安。但是关于道,则又完全不同。 47
这里的一切要冒风险,道亦不易。惟有圣人才能完全坚定、自发地从容中道。

甚至在明显晚出的《季氏第十六》第 1 章中,“忧”这个字还用于显然是一种客观上感到忧虑状态的语境中,这种状态和军事或政治上的困境有关。

总之,不忧是仁者的关键特征,“忧”则是一个人卷入一种客观上不安、忧虑的境地并对之回应的状况,在这种状况中,明显有可能产生一种不好的结果。

进一步说,不忧也就是以某种方式进行回应的人的状态,这种方式被很好地整合进一种客观上安定的和有组织的情境之中。这种状况是什么?显然,我们描述的这种状况,对孔子来说,就是一个“克己复礼”的人的状况。在理想的意义上说,他应当生活在一个真正礼治的社会中。

既然“礼”是人类行为的结构,这种行为谐和一切人的所作所为,确立他们作为人类的福祉,那么,很显然,完全依照“礼”而立身行事的人,

---

* 原文是:“司马牛忧曰:人皆有兄弟,我独亡”;“人无远虑,必有近忧。”——译者

过的就是一种有完美组织，并完全有助于人类蓬勃发展、欣欣向荣的生活。

如果“仁”就是指引我们注意那个特定的人及其作为行为者取向的品行的方面，那么很清楚，从行为者的视角看，客观上不能遵从“礼”（也就是不能“克己复礼”）就会被理解为在行为者的态度中缺乏明确的方向或准备的一种客观且令人不安的状况；那将会产生混乱、忧虑和困扰。简言之，“忧”确实是不仁，“仁”则不忧。

现在，我们能够对“仁”既难以获得然而又可以“我欲仁，斯仁至矣”这个悖论来加以评论了，我相信会弄明白的。这将会进一步显示，“仁”如何不是一个指涉“内在”自我的心理学的概念了。

48 “仁”需要“先难而后获”（《雍也第六》第 20 章），因为人生来只具有仁性的原始材料：未切磋、未琢磨的材料，以及原始的冲动和潜能，这样的原始材料能被塑造成为一个成熟的人。但是，一种有组织的人格性的姿态（personal stance）尚未实现。只有随着“礼”的发展，“仁”才会有相应的发展；“仁”也就是**在**“礼”**中**塑造自我。

举例来说，一个人只有在他达到了对社会政治关系和问题有所了解的阶段之后，只有在他对这些事务有了通情达理的广泛经验之后，简言之，只有在他通过亲自参与而熟悉政府事务的具体特征之后，他才可能对他的君主具有一种深刻而明智的忠诚。在孩子的天真烂漫、纯朴无邪和不经世故的执着与依赖，以及一位伟大的政治家对他的君主的那种深刻和老练的忠诚之间，我们必须理解其中的鸿沟。跨越这一鸿沟就是学习和掌握礼仪。同样道理，丈夫对妻子的爱情与忠诚，不管它起先也许是多么强烈，但和经历许多年酸甜苦辣、风风雨雨的婚姻生活后可能变成的那个样子相比，它在内容上相对来说总是难以名状和较为贫乏的。在终极的意义上来说，每一个人对待他人的这种人格性的姿态，除了参与一系列要求新的行为方式、新的责任、新的谦让与获取的新情境中去之外，不可能得到培养、深化和丰富。苦难（在古典的意义上）与历练就是塑造人的事物。因此，只有在学习了礼之后，仁才有可能得以实现。在缺乏另一方的情况下，一方不能够得到成熟的发展，因为它们只是对同一个事物的不同观察。

仁“先难而后获”。当然，学习礼需要时间、努力、毅力。因此，一个人在成为仁者之前，也需要投入时间、努力和毅力。

一个不仁的人可能与“礼”毫不相干（《八佾第三》第3章）。* 而能够“克己复礼”的人也就是仁者（《颜渊第十二》第1章，原文是“克己复 49
礼为仁”）。这两方面都说得通。

“我欲仁，斯仁至矣。”（《述而第七》第29章）这意味着什么呢？这个答案更为复杂，但也更加富有启示性。

“礼”强调那种公开的行为，那种通过空间和时间而表现出来的一系列活动。照此，这种行为可以分析成片段，也就是一系列的步骤，每一个步骤都是后一个步骤的前提。因此，施行礼仪就有一种**方法**（也就是一个可以依之而行的有序的步骤），但“仁”却不像这样。当我们从行为者的立场观察行为时，我们使用的范畴不向我们提供可以在时空关系中分析的复杂模式，而只提供“简单的”行为。换言之，从行为者的立场观察某个行为，并不是从外在的时空转向内在的神秘领域，而是根据一些范畴使这个行为特征化——这些范畴以及把该行为描绘成为公开行为举止的那些范畴没有同样的逻辑特征。在以下的例子中，这又意味着什么呢？

一个人决定要去向某人表示问候，并且这样做了。这种**问候**（greeting）便是“礼”：在特定的情景中，我们可以看到一系列连续的明显的动作——手臂的复杂而有序的动作、中规中矩的话语表达，以及一系列行为的协调运作，这些行为可以被分析为通过时空而延伸的动作和语言因素。然而，问候那个人的**决定**（deciding），却无需理解成另一种“内在的”行为、“心理”的行为，这种行为有必要分析成包括心理行为的若干步骤。但“决定”并没有内在的**方式**或**方法**。某人只是这么决定了。我们决定**之前**也许要花时间，也就是说，我们的深思熟虑在时间中延展。我们也许偶尔使用这样或那样近便的方法来帮助我们作出决定。但所有这种情况对于决定都并非是至关重要的。当握手作为问候行为的一个构成要素时，它并不包括决定。这种观点可这样来看：在 50

* 原文是：“人而不仁，如礼何？”——译者

采取不同的路线之前，我们可以通过深思熟虑而作出同样的决定，但除非采取相同的步骤，我们却无法作出**同样的**问候。这些步骤构成了问候的行为，但是，这些步骤却不**构成**这一决定。

一个人可以将这种情形向自己描绘成为决定行为的神奇或玄妙特征的证据，这种行为没有时空中的步骤而只是当下“发生”的——这就是孔子意欲所为的。

或者，可以把“决定”（“决定成仁”）向自己描绘成为在一种神秘的内心、私人的或“精神的”王国里所发生的一种行为或一种过程——在这个领域里存在着假想的肉眼看不到的“机制”、“结构”或者“力量”，就像我们西方人，尤其自笛卡尔以来通常所做的那样。

或者也可以把在像“决定”和“问候”这样的行为之间所形成的这类对照，描绘成概念“逻辑”作用上的一种差别。按照这个看法，较之“他获取利润”从可见的买卖行为来看报道了一种经济领域的独特行为，“他决定问候约翰”，并没有更多地报道了一种内在心理领域的神秘行为。因为“获取利润”这个词组和“作出决定”这个词组都没有被用来指出那序列性的、空间性的和身体方面的行为本身，正是在这个观点上说：不是形上学的神秘，而是“语法”的真实，构成了决定或者获利的行为，而语法的真实是不能够被描述或显示为那些“步骤”的行为后果的。

如果我们自己能够消除西方传统的心理主义的偏见，那么，就像上文所概述的那样，无论我们是“简单地”（tout court）如此而行，还是由于转向上述的那种语言分析，我们都会更加不受约束地欣赏孔子的“仁”及其相关的观念。当然，我们一定不能够假设孔子正在传授或利
51 用当代哲学分析的学说，也不应当像我曾经所说的那样，认为孔子在排斥或反对对人的行为举止进行一种心理主义的诠释。孔子的阐述是他自己的，属他独有的，并没有默认或者暗指心理主义的概念和模式。

孔子只是观察和报告事情的真相：“仁”其实就是一个人决定遵从“礼”（一旦他有客观的技能这样做），至于**如何**成为仁者，并没有一步一步的分析：只要他真正有志于“仁”，瞧！——“仁”就来了。在终极的意义上来说，只有一种决定的方法，这方法就是——决定。

类似的考虑也适合于其他的概念（我们西方人把这些概念心理化），诸如“思”（thinking）、“情”（feeling）、“志”（having an attitude）或“欲”（desiring）。就每一个这样的概念来说，都没有明显的以及可以分析的过程—— 一个人只是有志或者无志、思或者不思、欲或者不欲。就此而言，所有这些概念在这些方面都逻辑地接近“仁”的理念。骑自行车有一种“方法” ——以某种节奏运足，以某种方式屈身，随着车轮滚动。这种运动就是骑自行车。然而，意欲或者思考则没有“方法”。也就是说，没有方法看到一个步骤在逻辑上的有效性，或者出于高贵动机而行动——最终分析起来，只是他在做（或不做），然而要达到做这一步，可能要花很多力气在（行为技能的）自我的发展上。

从这种立场出发，我们现在能够看到，在一定意义上，毕竟有一种为仁之方；这是一种必要但却不充分的方法或手段。仁“先难而后获”，也就是说，在掌握“礼”所要求的行为技能后就能获得“仁”。学习文明交际的技能确实是困难的。然而，它需要的是坚持不懈的努力，而并不是超常的力量（《里仁第四》第 6 章）。* 另一方面，要坚持不懈又没有**方法**可言，要做到“仁”也没有**方法**可言：一个人要么坚持学习，要么不坚持学习——这**是**坚持或不坚持的问题；要么推己及人，要么不推己及人——这就是成仁或不成仁。从这个视角来看，成仁是容易的：很简单，选择成仁就是了！假设一个人已经掌握了适当的礼仪行为技能，那 52
么他的为人举止要么合乎礼仪，要么不合礼仪。孔子说，“仁”就是为人举止合乎礼仪，对待别人“如见大宾”、“如承大祭”，简言之，他人和自己拥有同样基本的尊严（《颜渊第十二》第 2 章）。**

现在我们还有另外一种方式能够明白：“礼”必须通过学习，而意欲为仁，“仁”就可以立即来到。当我们从作为公开行为模式的结构来观察行为时，我们充分注意到不可避免的障碍也许打断了那种模式并使行动受挫。然而，当我们根据行为者对待他人的取向，他赋予其行为的**方向**来思考行为时，我们就会看到：在此，我们有一种可靠性，有一种不

---

* 原文是：“有能一日用其力于仁矣乎？我未见力不足者。”——译者

** 原文是：“出门如见大宾，使民如承大祭。己所不欲，勿施于人。”——译者

同于公开行为最终结局的结局。钢琴家的目标是弹奏某段和弦(chord)，但是没有弹好。外在的障碍并没有阻碍这个**目标**，只是影响了弹奏行为的成功。因而，我们由此可见，对于**确定目标**来说并无障碍。我们所要做的一切就是定好目标。再者，与之相类，我们常常能在某个行为中看到某种对他人的**关怀**，即使这种关怀行为由于障碍而没有达成。"仁"就是一种关怀的形式。因此，"仁"的关怀就是"是否你有志于仁"——如果有志，就没有任何障碍。因此，准确地讲，说"我欲仁，斯仁至矣"是贴切的，说"我欲礼，斯礼至矣"则不可。从这种立场看来，与其他一些方面相较，行为还有一种神奇、玄妙和吊诡的维度。在一个人的行为中要么有某种关怀，要么没有，这**完全**是由这个人来决定的，然而对他来说，却没有**方法**使他的行为成为一个真正关怀的行为。

前面所论，目的基本上在于显示"仁"的观点、人格的观点的当下性和可靠性，并且以某种方式消解这一方面的神秘性，从而使我们重新意识到，在我们的日常生活中，这种观点是多么熟悉。在这个语境中，一些进一步的评说或许是恰当的，为的是强调将行为的人格、"仁"的一
53 面视为"外部"或公共(即使是个人的)的这种观察行为的自然与妥当。

也许，我们开始最好能再强调一下，孔子是从不同的公共视角来考察大众的和世俗的世界。例如，他关心礼仪的社会**史**，而礼仪是将礼具体表现为一种传统的行为。他也关心这种行为的**公开动作的模式**——"礼"就是一套行为规则。他还关心履践角色的行为，也就是由"礼"所规定的种种角色——"君君，臣臣，父父，子子"等等(《颜渊第十二》第11章)。

最后，孔子关心作为人格的行为、人类的行为以及指向或关联于他人的行为——仁、恕、忠和信。他是如何将人格理解为行为的一种客观的和可以观察的方面呢？

礼的行为不仅仅是机械刻板的表演；它们微妙而明智，或多或少展示了对情境的敏感，也或多或少表现了言行举止的有机完整。这里我们以音乐为例加以说明——孔子是一位乐迷。我们把敏感与智慧的音乐演奏和枯燥乏味、匪夷所思的音乐演奏区分开来；我们在演奏

中察觉到自信与和谐，或者也许还有犹疑、冲突、“伪饰”(faking)和“感伤”(sentimentalizing)。所有这些，我们都是**在**演奏**之中**察觉到的，我们不必透视演奏者的心理或人格。它全在“那里”，它是公共或公开的。尽管它就**在**演奏**之中**，但如果我们并不把这演奏认为是“贝多芬第3乐章”(the Beethoven Opus 3)(也就是说，从作曲者的角度来看)，也不认为它是一场“公共音乐会”(从礼的角度来看)，也不认为它是一种“后莫扎特式的乐章”(post-Mozartian opus)(从音乐风格的角度看)，而主要是将其作为这个特定人物的表演(从人格的角度看)，那么，它对我们来说，就是显而易见的。

与之相类，如果我们留心观察**这个**人如何履行这个行为，具体而言，该行为是否显示他根据与他一道在礼仪活动的其他人的参与来将所有那些人视为和他自己一样具有终极平等的尊严，那么，这一行为就可以被视做是“仁”。并且，即使他的行为模式不免受到破坏，我们还 *54* 是能够看见这个行为模式的方向、目标以及其中的关怀，正如我们能够看到钢琴家的目标在弹奏和弦，最终却未获成功一样。我们洞察所有这一切，是通过观察在可见的行为情境中的行为，而不是通过窥视那个人的头脑或某种纯粹内在的心理领域。

正如我们能察觉音乐演奏中的伪饰，我们偶尔也能观察到一个行为尽管看起来合乎礼仪，但它实在是某些更为复杂但却是掩饰的行为中的一个成分。其目的在于以他人为代价，并以某种为“礼”所不许的方式来强化行为者自己的重要。

最后，让我们将意向和态度的主观语言以及逻辑-语言分析放到一边，由此，尝试集中考察孔子自己看待“仁”的方式，并力图发现一种独特而真实反映孔子看待“仁”的方式的意象。这样一种意象必须显示由行为者所释放出来的力量——仁者能通过“礼”使其力量辐射到天下的每个角落。这种力量必须从行为者散发出来，不应当将我们的注意力指向该人的“内在”方面，而是要指向他的行为。然而，这个意象不应当把“仁”的力量认同为公开的行为，而是必须强调“仁”的力量的方向、目标特征截然不同于那种行为的终极和实际的过程。这是一个要通过语言和意象来强调的问题，不是将两者分开——因为除了作为情境中行为的特征之外，目标不可能被决定，而除非根据某种目标来诠释之外，行为也无法被理解。最后，在本质上说，这种力量是**人的**力量。也就是说，它是人类（当他们成为真正的人时）的一种力量，它**指向**人类
55 并影响人类。Confucius 的中文文字在特征、性质、定义或本质之间并无明确的区分。但是我们可以说，“仁”通常直接与**个人**相关，并且表明它是这个人的一种特性。

在我看来，西方人说明这一点最合适的意象，是取自物理学的一个概念——矢量或向量（vector）。就“仁”来说，我们应当把它设想成为运作于公共时空行为中的一种有方向的力量，有一个人作为始点，另一个人则作为承受该力量作用的终点。当然，这种力量是人的力量，而不是机械的力量。

事实上，孔子所强调的美德都具有“能动性”（dynamic）和社会性。例如，“恕”（人际关系的相互性）、“忠”和“信”（对他人善良的信念）——都内在地涉及到一种与他人的动态关系。[⑧] 另一方面，像纯洁或者天真（purity or innocence）那样“静态的”或“内在的”美德，在《论语》中则没有扮演任何的角色。

我们很容易根据一种外在之道的意象来看待“礼”，现在，我们也能够这样来处理“仁”。这个意象唤起我们注意行为者的姿态、实际立场和空间性态度。正如在仪式中，我们看到把一种礼仪的立场和态度作为那种特定行为力量的始发根源——当我们热忱地充当仪式中的参与者或观察者时，我们就会感到这种力量向我们“辐射”而来。“（君）面南而坐（这是合礼的姿式），无为而治。”（《卫灵公第十五》第 4 章）* 在
56 礼仪角色中，当一个被认为真诚的人履行某种礼仪行为时，我们都会感受到的这种神奇力量的感觉，便从那人所做的礼仪姿势（或一种催眠师的姿势）中散发而出——这就是我们应当从中感受到“仁”的方式。“仁”就是各个不同的向量（the separate vectors）——如忠、信、恕等等完全而集中的力量。反过来说，其中每一种力量都不是一种内在的状态，而是一种原初意义上的美德—— 一种从人之中散发出的力量，一

* 原文是：“无为而治者，其舜也与？夫何为哉？恭己正南面而已矣。”——译者注

种人的力量的向量。当一个人在学习如何掌握“礼”的过程中竭尽全力并最终成功时，那么，正如颜回所说，“仁”便“瞻之在前”了。至此，真是“既竭吾才，知有所立卓尔。虽欲之，未由也已。”(《子罕第九》第10章)一个人要么立足于“礼”而成就“仁”，要么不立足于“礼”成就“仁”。问题仍然只是，他如果有志于立足于“礼”而成就“仁”，他就能够做到这一点。但是，人在作决定的关键时刻，常常害怕相信自己作为人的力量。因为长期以来，他都是一直依赖着物质力量和动物力量。“仁”恰恰就是自己对于人道(human way)的完美奉献。献身人道也就是“临深履薄”(walking to the very edge)——

> 战战兢兢，如临深渊，如履薄冰。*

注 释

① 韦利:《孔子的论语》，第28页。

② 陈荣捷:《中国哲学资料》，第26页，注55。

③ 对于这一章的解读尽管存在争议，但我认为，传统的解读是正确的，这种解读也出现在韦利所译的《孔子的论语》一书之中(第29页)。对我来说，从哲学的立场看，它是有道理的。此外，尽管卜德和劳费尔有争论，但在我看来，它从文风上也似乎证明是有道理的，或至少提供了一个开放性的问题。卜德论证说，在这个排比的词组中，连词“与”从未在《论语》的其他地方这样使用过。然而他没有提到在像《子罕第九》第4章这样一个相隔不远的章节中，除了没用肯定词“与”而用否定词“毋”外，我们几乎发现了该篇第1章中的意象的翻版。为什么对称感和节奏感要求这个句子完全容许使用“与”，而不是代之以更为通常的做法，省略掉任何明显的连词呢?

④ 这里的解读同样颇有争议。(原文是“为之难，言之得无讱乎”——中译者注)我遵照韦利翻译的《孔子的论语》(第163页，注2)，而不是其他译者(的本子)。在“为”和“言”之后的“讱”字意义含混，既可一般性地说，仁者言语谨慎，又可解释为仁者在说到仁时非常谨慎。鉴于这种可选择性，我决定根据在我的阐述中所表明的那种哲学立场作出论证。

⑤ 也参见例如《为政第二》第10章，“视其所以，观其所由，察其所安。人焉廋哉? 人焉廋哉?”《公冶长第五》第9章，“始吾于人也，听其言而信其行;今吾于人也，听其言而观其

---

* 当为《泰伯第八》第3章，作者注为《公冶长第五》第3章。——译者

行”。（译者按，凡本书所还原的《论语》中译文及其篇目章次，均依朱熹《四书集注》之《论语集注》，岳麓书社 1987 年 6 月第 1 版，其他与此相同之处，不另作说明。）

⑥ 韦利：《孔子的论语》，尤其参见第 239～240 页。

⑦ 括弧里的译文是我尝试翻译一个公认模糊含混的词，既保留直译，又使关键字“近”和“（抓）取”的比喻义更为显明。我还努力清晰地阐明我所理解的“譬”这个词的意义，我试图使用在意义上或词源学上很接近我们以一种更“直”（字面意义的）译的方式所可能使用的词语。至于“仁之方”这个词组，因为它好像不仅简洁、文体上恰当，而且正因为它是我所能想到的如此简洁的惟一词组，所以我保留了原著中这个词同样的模糊性。这个含混模糊的词组沿用一种含混的表述方式，这种表述方式既而遵从了一种更精致和直白的表达方式。但是，这些表达方式之间的逻辑关联究竟是什么？它们是“仁”的不同定义吗？它们是为“仁”之方（而不是描述人达到时如何行动）的不同表述吗？一方面是达到“仁”的一种方法，另一方面是“仁”的定义或者是发现“仁”之所在的区域的定位吗？当不受语境的限制时，我们西方人的词组“Smith's way”，则容纳了所有这些含义：(1)达到史密斯那里的方法；(2)史密斯所居住的最近的区域；(3)具有史密斯特征的行为方式。

⑧ “忠”一直可以翻译为“对自我真实”或者“忠诚”的意义。“对自我真实”的翻译更加贴切地符合我们西方人的思想观念，或者符合佛教的一种重要品德的观念。但是，在《论语》的文本甚或其他像《书经》或《仪礼》这样的早期经典（当然，其中有些部分甚至后于孔子《论语》）中，这种翻译的证据无法找到。在这些语境，要么没有清楚的线索，要么是另外一种情况：“忠诚”的意义倒是很明显，而“对自我真实”的意义反成问题。“对自我真实”这个意义惟一的语言学基础就是这个书面文字的结构——由上“中”下“心”组成——这充其量是暗示性的，而我们的其他证据却是明显而坚强的。

第四章　传统主义者还是空想家？ 57

孔子有关“礼”的理想提出了一个根本的问题。我们 20 世纪的人意识到“文化的冲突”，也意识到：在一种单一文化内部就可能产生习俗和价值的种种冲突。如此一来，我们不禁发现一个孔子从来不曾遇到的问题。孔子似乎理所当然地认为存在着一种“礼”，并且，“礼”与一个更为广大的宇宙之道相和谐——孔子毫不怀疑，甚或不曾意识到他的假设本身。他假定，这个“礼”就是他所生活于其中的这个地方的“礼”（其他地方则是蛮夷之地），他的传统的先民们就生活在这个“礼”之中。孔子假定，这个“礼”及其所植根于其中的宇宙之道是内在一贯、全然自足的；并且，道德与社会的惟一必要性，就最终是要在“礼”中去塑造自我以及一个人的品行。当我们考虑到这样一个如今为人们所熟知的多元性的事实，即各种伟大的文化传统都有其独特的历史，那么，孔子这些彼此相关的每一个假设，便在一开始就被置于严重的怀疑之中了。

对于孔子理想的这种反对意见，首先的回应最好是指出：这种反对意见犯了时代错误（anachronistic）。可以承认，如果把孔子的理想视做一个可能的、普遍的人类理想，那么，这些反对意见是完全适当的，但是，如果它们被用来批评孔子这位公元前 5 世纪鲁国的教师，那就有 58
时代错误。孔子不可能知道其他各种伟大的文明，不论是同时代的古希腊或者古以色列的（Israelite）文明，还是像古埃及这样更早一些的文明。有关他们自己的祖先在亚洲附近地区的情况，鲁国人所知甚多。并且，他们还知道形形色色的边疆部落，而那些部落显然没有鲁国所具有的那样精致的文明。既然无法接触到其他人类学和历史学的信息，也没有任何合理的根据假定这类信息存在，对于孔子的这样一种假定：只存在一个伟大的文明，这个伟大的文明处在世界的“中央”，为半开化或野蛮民族的边远地区所环绕，我们又如何能够提出合理的批评呢？在缺乏那些信息的情况下，孔子又如何能够合理地设想到还有可能存在着其他的文明，而那些文明在宏大壮观上足以与他自己的文明相比肩呢？

尽管具有一定的合法性，但上述为孔子所做的“辩护”却付出了很大的代价。它将孔子思想的意义，从一种普遍性和哲学性的学说，降低为一种历史性的资料。作为一种历史的事实，它确实有可能使我们看到，他的同胞如何在相似的知识限度内工作，把他的思想作为一种生活的选择；然而在同样的情势下，却不可能把他的学说理解成一种对于我们的思想。这也许委实是问题的要害。对20世纪见多识广的民众来说，或许孔子的思想不过是一种历史的标本（尽管在本书中我的论述恰恰意在表明相反的方面）。

然而，这样一种历史的取径仍然留下了一些尚未解决的问题。主要没有解决的是内在冲突、文化内部各种冲突的问题。毫无疑问，在孔子所处的时代和地区，任何一个精明的居民都充分意识到存在着许多
59 不同的、战争频仍的诸侯国。他意识到，在一定程度上，这些国家中人民的各种习俗彼此不同，在中央的小国和周边的大国之间有时差别更大。更有甚者，在那个时代，一位精明的老百姓不禁注意到：更为常见的情况是，旧的习俗频遭抛弃，新的方式则不断被引入。如果说有这样一个地区，该地区受到文化内部各种冲突的困扰，从上流社会的学说争论，到马基雅维利式（Machiavellian）的政治、彻头彻尾的谋杀和残忍的战争，那么可以肯定，鲁国及其邻国就是这样的一个地区。这是一个巨大动乱的时代——包括一种强烈的动乱**意识**。

面对这种动乱，孔子怎么能够忽视其邦国之礼可能内在地交织着各种经常冲突的路线，存在着大量不适于迎接现实世界挑战的习俗呢？尽管他在《论语》中从未明确地提出过这个问题，但孔子确实认为，这种混乱与失序是古代先民原初完善的礼在道德-政治上不断堕落的

结果。但我们必须提出的问题是：**为何**这个答案表现得如此迫切，以至于使孔子不曾提出有另外答案的问题呢？孔子是如何达到**这种**答案，而不是日常生活证据至少同样或更为有力地提示的其他一些答案呢？将孔子的答案归于一种想像力的限制是没有益处的。至少，起初我们必须假定：一位具有伟大地位的思想家和人师，在架构并回答其中心问题的方式时，具有某种更为迫切和普遍性的基础。如果我们力图发现这样一个基础可能是什么，我们就应当更好地理解孔子。我们必须努力将孔子的思想学说视为一种对于社会冲突与动乱的富于想像力和创造性的回应，而不是对其时代危机的性质缺乏远见、久视不见。

在以下的论述中，我并不宣称拥有了新的事实，而只是以一种新 60
颖的——我希望也是明晰的方式来讲述一个人们熟悉的故事。

我们必须这样开始，就是把孔子看做一个伟大的文化革新者，而不是一个彬彬有礼但对过去顽固留恋的辩护者。正如我们在别处已经注意到的，他转换了“礼”的概念，因此，现在我们必须注意的是，在“礼”概念的转换中，孔子也转换了人类社会的整个概念。他是一种新理想的创造者，而不是旧观念的辩护人。

过一会儿，我们会将孔子视为一种新理想的倡导者。但至少在一开始，则让我们客观地、而不是透过他的眼睛及其语言的表面习语，来看看他的思想在历史上所扮演的角色。孔子谈论要复兴古代社会的和谐图景，但其学说的实际意义，却是引导人们寻找诠释和更新一种地方性传统的新的方式，目的是要生成一种崭新而普遍的秩序，以取代当时的混乱与失序。

在历史的事实中，孔子所发现的东西，也就是这种新**出现的**社会政治实践上的相似点和新**流行的**普遍共享的价值，这些价值曾经被局限在一个包括鲁国在内的狭小地区。他看到了普遍共享的文学形式、音乐形式、法律形式和政治形式，如雨后春笋般纷纷涌现。我们根据历史的证据观察这个局面，由此我们可以看到，所发生的是一种朝向崭新而普遍的文明的演进，而不是一种从某些过去的伟大文明的衰退。这一地区的人口新近有大幅度的增长。在生产力技术和交通的扩张方面，也有了向前跳跃性的进展。以前无数隔离的和文化上存在差异的民族，现在则有了更加密切的接触。观念、时尚、习俗和语言的交流与融合，都正在一个宏大的范围内进行着。

61 总之，如同一个文明在衰退进程中那种混乱的增加，孔子的习语和意象所描绘的事实上是一种不可避免的失序，失序伴随着一个崭新的、范围更为恢宏、性质更为伟大的统一社会的形成和发展，这种统一社会又是从各个较为古老的、范域较小的、文化上分隔和更为原始的地方人群中所产生出来的。十分自然，孔子应该注意到他自己的文化，即鲁国和几个周边诸侯国的文化，对于那规模上更大、人口更多的地区的文化优势所在，后者从前是或多或少孤立的、不相容的社会，然而现在则融合成了一个伟大的和蓬勃发展的地缘政治的礼让之国。鉴于鲁国物质上相对弱小，那么对于一个鲁国人来说，把注意力不是转向军事征服而是转向文化征服，以之作为秩序和统一的首要基础，便是一种顺理成章的策略。

简言之，我们必须假设，孔子环顾四周，强国林立，冲突四起，但还有一些迹象表明它们可以接受一种由鲁国地区的文化所派生出来的文化。其次，我们必须假定，孔子看到——作为一种**理想**——如果大家都采纳一套一元的、人道的实践和观念，那么所有这些已知的民族就有可能被统一起来，和平共处。最后，作为一个鲁国人，孔子发现上述理想有可能通过强有力地改变原来思想信仰的方式来实现，以刺激和扩大那种已经显示要接受鲁文化作为新的社会框架的趋向。

事实上，孔子的眼光超越了其他任何见解，提供了关于中国未来实际的真正高瞻远瞩的远见。这种远见预示将出现一种以统一政治为根本的宏伟而强大的统一文化，这种统一的文化从鲁国及其周边地区的统一的文学、语言和礼仪形式中汲取它的灵感。

在这种形势下，如何明确地表达并令人信服地宣讲这样一种**新的**理想呢？很快，新的理想本身出现了两难。这种理想既然是一个宏大
62 的社会分享同一的实践和观念，那么，传统的各种实践和思想方式的来源是什么？它们是如何产生、取得合法性和如何维持的呢？这里，孔子的回答在根本上有两个层面。首先，是对于传统的强调。

一般情况下，传统实践可以经由三种方式得以确立：一是通过有

效的命令，二是经由共同的约定，三是从公认的传统中继承。孔子虽没有明确说明，但他承认这三种方式都很重要：真正的君王领导有方；人民拥护，甘愿追随；所教化的和所遵循的是**传统**、祖先之道。即便传统的内容被理解为天意（“命令”的另一种形式），它也是符合祖先之道的，因为天意不是变幻无常的。孔子肯定所有这些，但仍然在他的学说中给予祖先之道、给予传统以首要地位。

孔子最终为何首先要强调传统？我们也许立即注意到一些重大的然而却是次要的理由。普通人只能追随跟从，从来不能领导——这似乎是自明的，因为他们明显缺乏知识和文化，也因为缺乏任何别样的传统。因此，群体的共识只能是一个背景因素。而另一方面，历史事实表明，这个时期的统治者常常是独断专行、迷恋权力的。圣君明主为时代所需，也的确可以想象；但要成为圣君明主，就得具有某些非人格的善（goodness）的标准。对于这种非人格的标准，惟一的候选者就是传统或天命（Divine Command）。

在《论语》中，尽管孔子确实说到了天（Heaven），但它的作用不太清楚，也没有得到详尽的阐释。在这一点上，我们得出孔子的决定性影响是这样的：那是对**人**的深刻洞察而不是对政治的洞察。正如我们所知，对于形上学的思辨和“神学”的可能性，孔子缺乏感受。然而他深深 63
地关怀这个世界上人的生命。孔子最实质性的洞见之一，恰恰正是认为人性可以通过礼的意象来理解和把握。他看到，正是善于学习传统的礼仪实践才把人和动物以及无生物区别开来。他看到，在学习精熟的传统实践中内在地具有一种多么神奇的力量、一种多么富于人性的力量，这种力量是与强迫、威胁和命令完全不同的。最后，他看到，人所独有的尊严以及与这种尊严相关的力量，其特征可以根据神圣的礼、仪式来刻画。因为礼仪是一种传统的实践，在这种实践中，内在的和谐、美与神圣受到了强化。

因此，孔子的新理想显然是按照神圣的礼和仪式的意象来构想的，继而，这些礼仪又构成品行的形式，较之大多数别的东西，这些形式深深地植根于古代传统之中。无论人们对其进行怎样终极的心理意义的或其他的解释，毫无疑问，“礼”所能够达到的那种终极的庄严，以及它在人们的心灵中所激起的深刻而古朴的反应，都从未出现在任何让人感觉是新发明出来的或功利主义的行为或姿态的模式之中。尽管我们或许偶尔成功地更改了一种复杂的礼仪，但至少这种礼仪的材料或要素仍将是传统的。

在各种各样的考虑之中，无论是隐含的还是明确的，对于孔子及其有关独特的人性植根于“礼”这种本质上立足于现世的眼光，最有可能产生影响的东西，在我看来，似乎是他最终理解和把握一个伟大文明的统一主要是基于传统而非共识或命令的决定性的具体理由。正如上文已经指出的，在孔子的思想中，社会共识和君命或天命的观念，仍然能够在使定义某种文化的传统理性化的过程中发挥作用。不过，对孔子来说，它们的实际作用不得不退居第二位，较少详加阐明。孔子
64 把中心的重点放在“礼”上——对其他思想家来说，“礼”与仪式有关——直接导致了把传统作为“礼”的有效的情感-道德（emotional-moral）权威，而不管其他意识形态的、哲学的或宗教的框架也许会被附加于传统之上。

因而，两种伟大的睿识洞见便融合到了孔子的思想之中。一方面，作为政治人物的孔子构想：社会的危机需要文化上的统一作为一种文明的政治-社会统一所必不可少的根据。另一方面，作为哲学人类学家的孔子，肯定真正礼仪行为的意象中灵动的生命是真正人性的充分必要条件。综合考虑其主题意义，也就是要求政治-社会的统一须符合礼仪。这继而又要求一种传统取向的文化作为基本根据，从那种基本的根据中，礼仪得以滋养生发而出。

由此，孔子面临的两难是：当一个**新的**理想是人们应当接受某个传统作为他们自己的传统，同时也作为一种神圣的传统的时候，他如何能够向人们提出这个新的理想？人们拥有传统，但不能根据需要选择和创造传统。显然，除了把这个新的理想表现为只是重申或者诉诸于一种古代的、正统的但被忽略了的传统之外，人们便无法以传统的形式来宣传新的理想。

我们必须假设，生活在孔子时代和形势下的思想家能够构想一种非传统取向的另一种替代物。这样一种替代物被所谓的法家以及其

他一些思想家明确而有力地表达了出来，而那些思想家们的各种观念在孔子时代已经有了确切的表述，并且，那种替代物也一定为孔子所知。例如，法家们提倡一种由各种法令规章来统治的社会，各种法令规章则由恐惧和获取利益这双重动机而得以强化。值得注意的是，孔子不仅关心公共的秩序，而且关心人的尊严，关心一种建立在美好、崇高和神圣意义上的文化，这种文化是人之存在的独特维度。文化的统一 65
就是人性的完美，而不是以人的形式强加于绵羊身上的那种秩序。

现在我们准备考察孔子在他的新理想中所强调的第二个基本要素，也就是一种基于共享的传统之上的普遍社群。孔子所提方案的**内容**，是要把这个新的社群创立为一个传统。但是，孔子也准备提出一种明显合适并且强有力的**形式性的**话语模式来宣传这个新理想。事实上，孔子使用了深深地植根于人类文化中的话语模式——叙事(narrative)，尤其是有关远古的叙事性的神话或叙事性的轶事。

在它们特有的表述抽象问题尤其是精神问题的方式上，不同的社会有不同的表现形式，但有一种取径却为各种形式所共享，并且，这种取径在历史上也是最早被采用的，那就是叙事的运用。对于这种叙事，我们有各种各样的名称——“历史”、“神话”、“民间故事”。在这些叙事形式中，例如，关于生命起源的道德、法律、精神或心理等诸多方面，都不是通过抽象的概念而是用一种生命起源的神话方式，亦即一种描述事件和人物的叙事来表现的。这种叙事方式可以口说，可以比手画脚地表达，也可以书写。死亡、婚姻、工作、人际关系、人在这个世界上的位置——这些问题在每一个社会都根据叙事的方式来切近。在几大文化中，诸如欧洲文明、印度文明和中国文明，我们还发现了适用于这些问题的抽象的、理论的学说或分析。

为解决生命的**意义**而非其物质的现实，人一开始总是从领悟那种意义开始的，那种意义并不存在于一种有关生活的抽象概念形式之中，而是存在于以某种方式与生活并行的各种事件的叙事形式之中。这种并行的世界可以被说成是与当前同时的，但它却发生在一个不同的领域(如天国、奥林匹斯山)。或者它可以被描述为一种离我们人间家园不远却先于我们所处时代的各种事件的叙事；或者它也可以被描

66 述为一种既在先前时代又在另一些领域的各种事件的叙事。诉诸于另一个时间或空间的叙事转换，以及各种存在及其力量和事迹的理想化（或极端化的）特征，都足以使那种与取自最近的和真实的人与事的记忆叙事不相一致的叙事变得无拘无束，自由挥洒。“异在”领域和我们自己世界的相互作用，代表了这样一种方式，在这种方式中，我们生命的意义既超越于、也体现在现实人生日复一日的人伦日用之中。

既然记忆叙事使历史成为记忆，其他叙事使历史成为意义，那么两者在其各自的方式上就都可以说是有效的——它们所讲述的也的确如此。记忆叙事导引人们进入现在当下，意义叙事同样如此。再者，意义和记忆不可能完全保持泾渭分明，它们各自都需要另一方并使另一方融入自身。因此，对于我们常常在历史的真实和神话的虚幻之间所作的区分，许多人并不了解。首先，这种区分过于鲜明斩截，容易产生误导。就人们感到“神话”叙事明显不同于记忆叙事而言，这常常是因为前者显得**更有**意义，更具有持久的有效性。因为神话叙事解释、证明、阐明了我们世间的生活。正因此它赋予人生意义，它本身**就是**意义，所以通过这种方式，它比不熟悉相关神话的人所理解的过于天真质朴的生活更为重要。那个“异在”的领域总是意义的源泉，也是有意义的存在所栖居的世界。

这样的意义叙事典型地具有双重的历史意义。作为形式上的叙事，它们向我们展示生活的意义，这种意义表现为一系列在时间上富有意义地相互关联的事件——简言之，也就是一段历史。此外，正如我们已经指出的，通过把全部的故事或者定位在一个遥远的过去，或者在一个遥远的地方，或者既在遥远的过去又在遥远的地方，它们的“异在”或“超越性”很容易在这种叙事模式中得到描绘。对于现代欧洲文
67 明中崇拜那种我相对于意义叙事而称之为记忆叙事的人们来说，意义是和记忆不言而喻地混融在一起的——这就是说，我们称之为历史的东西也就是我们的神话。并且，就像我们渐渐了解的那样，那些表面上是各种意义叙事和各种神话的东西，往往植根于实际上过去的历史事件中，而这种过去的事件则以某种方式影响着那神话在其中发挥作用的社会。

当赋予意义的叙事被定位于一个遥远的过去时，通常而言，正是过去才使叙事本身最终与富有历史意义的过去，也就是与那被记住的历史上的过去联系起来。尽管我们常常发现异在领域的各种存在有其自己的历史，与形成中的人类历史相并行；尽管通常在人类生命觉醒之际，这种异在领域的历史通常是看不见的，但精心编制的叙事和谱系学通常还是把历史上真实的过去和“异在的”（“远古的”）过去联系起来。

在西方文明中，尽管发明了抽象的理论和概念分析，但这种运用叙事的倾向绝没有销声匿迹。再真实不过的是，我们常常成为理论化的意识形态、教条和口号（“言论自由”、“人的权利”）的奴隶。然而，我们仍然不仅致力于我们称之为历史学的研究（这种研究将被记忆的过去置入富有意义的秩序之中），而且热心于宗教叙事，制造政治神话，又把商业“人格化”，并说成是“上帝的箴言”，还热心于从事戏剧、艺术和文学的创作，把它们作为探索生命意义的思想和感性的各种模式。

根据独特的立场，孔子则通过礼仪以及传统的意象而体察了人性。对他来说，采用最普通形式的叙事模式，即遥远过去的叙事来表述他的洞见，是最恰当不过的。因此，他的思想学说的内容完美地契合于一切思索生命意义的形式中那种最古老也可能最容易引起共鸣的形式。尽管在这种意义上使用的叙事模式是一种思想的“复古”形式，但是，在孔子的思想中，与其说这是一种复古主义，倒不如说它是一部当
代的小说或戏剧。孔子使用一种将过去神话化的叙事方法，为的是要 68
阐明一种新的理想，在根本上说，这种新的理想立足于对人们本性和力量的崭新的睿识洞见。

因此，在孔子的思想中，那种形式性的叙事模式（一种产生意义的“过去”的叙事）就是融合了其思想学说的内容（传统的关键作用）。他可以以某种方式来进行谈论，这种方式极其适合于唤起对于传统的崇敬与忠诚，而传统则正是其理想的内容。

按照这种观点来看孔子的思想，就要把它从对西方人而言的一种历史好奇心（或历史癖好）的状态中拯救出来，同时保持它是一种与一切人相关的思想学说。在一开始时，我们检讨了对于教人“回归”古道

之人而言的文化冲突问题。但是我们现在看到，这种思想学说并不一定要求有一种既是真正历史的、内在一贯的同时又是完全胜任的传统。相反，这种思想的任务实际上就可能像孔子所教导的那样：从一个人本身的传统中去寻求灵感，这样一种方式可以展示一种对于充满冲突的现实的人性化与和谐化的诠释。所谓“温故而知新，可以为师矣”（《为政第二》第 11 章）。

也许，“温故”的目的似乎是不负责任或利己式地修补实际传统的委婉说法，似乎是一种伪善和文饰。孔子当然否定这一点。他声称，“我信而好古”（《述而第七》第 1 章）。这就是说，对传统的诠释必须植根于对其过去历史的一种真正的热爱与尊崇。孔子、耶稣、佛陀，都是真正、深刻而且自觉地使他们的传统得以复活的典范；但是许多孔门信徒、基督徒、佛教徒都只是挑取和选择零零碎碎传统中那些适合他们当时目的的无论何种言论或习惯，这说明对“温故”这种取向有自然
69 而然（但并非不可避免）的误用。而那些不经批判地僵化固守传统形式和礼仪的人士，不管那些传统形式和礼仪对于当下的现实是多么地不足以胜任，那些人士都同样地与这三位传统的深刻复活者们背道而驰。

作为一种知新的方式，不断地温故并不是一种狭隘的理想。对于所有人，它始终具有相关性。因为它是一种有效洞见人性何所是的表达方式。人类之所以有其独特的力量和尊严，是由于人类能以明智的传统方式行动，而不只是出于本能冲动或者条件反射（我们最有影响的哲学分析学者今天告诉我们的道理也不过如此）。即使从作为明智传统的方面来看待时，生活方式也不可能被全盘发明或全盘接受；它们首先依赖于每一个时代从前代所继承的一套广泛的传统语言和实践。只有当我们在传统方式的一代又一代熏陶下真正成长起来，我们才能够成为真正的人；只有当我们复活了新的环境视之为不再有效的这个传统，我们才能保存我们生命的方向和完整。共同享有的传统将人们凝聚在一起，使他们成为真正的人。对传统的每一次抛弃，都意味着人们自我的一次断裂。而对传统的每一次真正的复活，都意味着人们自我的一次重新统一。

因此，预见人类正在出现一种统一，并不仅仅是一种政治的眼

光——即便像孔子这样的预见是人类有记载的历史上任何政治远见中最宏大和最成功的构想之一。然而,孔子的远见是一种哲学的理想,甚至是一种宗教的远见。它揭示了人性的神圣和神奇的一面,这一面存在于人类的社群之中,而社群又植根于人类所继承的生活方式之中。

我们当代的世界完全可以理解、也有理由适应全新而剧烈的变革和危机。在这样一个世界中,孔子关于人类的基本预见也许并没有与时代格格不入。也许正因为这样一个世界,孔子的洞察才比它曾在后 70
来的以及过于传统的中国——我们西方人将这种过于传统的特征视为自然的习惯——显得更为中肯、更为适时和更为迫切。正因为它异于我们的时代,所以我们才需要深透到孔子视野的真理之中;也正因为它和这个时代是如此的相异,我们才易于对它缺乏耐性并且对其真理性视而不见。

71

第五章　孔子的一个比喻:神圣的礼器

人与禽兽以及无生物的区别是什么？人类独特的尊严和力量在于何处？孔子提供了一个极其贴切和富于创造性的(generative)意象：礼。但是礼仪似乎当下并不重视个体，而现代很多批评则往往强调孔子“发现了个体”。[1] 诚然，胡克斯(Hughes)使用“发现了个体”这个特定的词组时，加上了一个限定性从句“人能在人际关系中反省自身并依此完善自我”。

陈荣捷用一种相似的表达方式概括说：“孔子的全部哲学：……就是实现自我和创立社会秩序”。[2] 尽管胡克斯和陈荣捷阐明了孔子哲学中的“个体”-“社会”这两极，但是柳无忌(Liu Wu-chi)则更强调“个体”的一极：“不管我们从什么角度看，个体的人毕竟是宇宙的中心……孔夫子以一种快乐的天才的火花发现了伦理的个体……个体的人现在
72 作为一种社会的存在被提升到了新的高度……因此，在人类历史上，个体的尊严首次得到了肯定……个体的充分发展是人的终极目标”。[3] 顾立雅(Creel)尽管也详细阐述了孔子的社会取向，不过在不同的语境中他也强调了孔子思想中“个体的第一性和价值”。[4] 并且，在强调孔子思想社会性的同时，林语堂也说，“……上帝的王国真正存在于人的自我之中”。[5]

简言之，从这些现代作者们具有代表性的典型的文章段落中，我们看到一种宽泛且一再出现的诠释模式。在引用这些简短的语句时，有人断章取义，脱离了那些简短语句所在的具有本质规定性和丰富内

涵的脉络。然而，我征引上述这些例子的目的，不是为了提供有关这些评论或诠释的一个全面的报告，而毋宁是指出：当最终需要一种简要的总结性的表述时，阐释方式往往倾向于根据“社会”和“个体”这样一种模式来加以表述，并且，“个体”相对而言被强调为具有第一性。自我实现、自我完善、“自我发展”、“个体的终极价值”等——这些都被认为应当是反映了孔子的独特发现。而我们目前研究的看法是：如果认为孔子关怀“人性”，而不是关注于“个体”和“社会”这样两极性的术语，那 73
我们就会更好地理解孔子。根据个体和社会这样的术语所进行的阐述，反映了西方人的先入之见和范畴——也许还反映了道家、佛教徒和新儒家们的思想关怀。

我们与其抽象地论证这种观点，倒不如从孔子本人那儿来学习，再没有什么会比这更好的了。尤其是，我们要从反省孔子提供给我们的发人深省的各种意象之中来加以学习。《公冶长第五》第 3 章说：

> 子贡问曰：“赐也何如？”
> 子曰：“女器也。”
> 曰：“何器也？”
> 曰：“瑚琏也。”

这一章常常根据《论语》中的另外一章来加以解读，那一章就是《为政第二》第 11 章所谓的：“君子不器”。

按照《为政第二》第 11 章“君子不器”的观点，诠释者们一般的看法似乎是这样的：孔子首先给予子贡以“器”的定位，然后在接下来的回应中再软语相慰。对于这含义隐晦的一章，这些诠释者（我相信他们误解了孔子的意思）也许应当是以下的解读：

“老师，”我们可以假设子贡对孔子说，“请您告诉我自立于何处，才能够实现理想。”孔子回答说：“你现在还只是一个礼器，只能用于那些专门具体的目的。你还不是那种道德上已经获得了自我实现的人，那种人具有宽广的（道德的）能力，具有能够统御或者使用其他人的各种专门具体的（技术性）的能力”。子贡的热情和乐观主义受到了动摇，但是他并没有放弃，他继续追问说："但是，老师，您这样说是什么意思呢？为什么您不说一些缓和或安慰的话，给我更多一些希望呢？"于是，孔子以一种长辈式的、鼓励性的语气回答说："子贡啊，你对此不要感到太悲观。即使你现在仍然只是一个被使用的人，还
74 不是那种(道德)完善的、能够使用别人的人，就你这种类型而言，至少你现在是一个非常精美的礼器。事实上，你现在是那些最优秀和最有价值的人之一。"

正如我已经指出的，按照我本人的看法，这样望文生义的解读是十分错误的。其中惟一可以接受的成分是：孔子的确一开始有意要给太容易乐观的子贡泼一头冷水。孔子希望教育子贡克服短处，因而特意地动摇他、扰乱他、使他感到困惑；而子贡也一定真的感到有必要**思考**他的道路，以便达到一种新的洞见。孔子回答问题的方式，最能够使像子贡这样性格的人有希望实现这个目标。在孔子的门徒之中，子贡看起来是最容易成功和善于处世的人。子贡凭借其自身的学识和处世的成功，很可能对他的个人成就感到自鸣得意，因而对于孔子一开始的回答，子贡也很可能感到吃惊和感到震撼。因为对于礼器这个比喻，对于孔子所谓的"君子**不**器"，子贡十分清楚。孔子最初的回应，就像他在其他场合所作的回答一样，在教学上是困惑学生的有效施教方法的第一要素。[6]

然而，孔子对子贡所说的第二句话——"你是宗庙里祭祀用的玉器(瑚琏也)"——并不单纯是一种抚平打击的情感安慰。这第二句回答既完成了、也解决了令学生感到困惑的两难。在一种高度浓缩的意象之中，孔子的这句话蕴涵着其学说的中心思想，对于这种中心思想，孔子设法向能言善辩而自满的子贡表达清楚。那么，孔子的这个中心思想是什么呢？

让我们来看一看那祭祀用的礼器：在原始文本中，孔子只是提到一种特定的祭祀所用的玉制礼器，这种祭祀用的玉制礼器是在庆祝丰
75 收的祭典中用来盛装谷物的。这样一种器皿是非凡的、神圣的。它的外表——青铜制品、雕刻制品或玉制品——是精美典雅的。它的内容，

装满着丰盛的谷物，则表达了充足和富裕的涵义。

然而，这种礼器的神圣性不在于其青铜的珍贵，不在于其雕饰的美丽，不在于其玉器的珍稀，也不在于其中的谷物可以食用。那么，它的神圣性来自于何处呢？它之所以神圣，不是因为它有用或者精美，而是因为它是礼仪祭典中的一个组成部分。它之所以神圣，是由于它参与了礼仪、参与了神圣的典礼。如果将它在礼仪活动中的角色分离出来，那么，这个礼器就只不过是一个盛满谷物的昂贵钵盂而已了。

这样看来，作为礼器，这是一个吊诡，因为它不像一般的器皿，它不具有礼仪本身之外的（功用性的）用途，而只具有一种礼仪的功能。（的确，一些礼仪祭典中使用的器皿留有洞孔，目的是强调它们礼仪性而非功用性的价值。）

以此类推，孔子或许习惯于这样的暗示：由于在礼仪活动中的角色，个体的人由此也具有终极的尊严、神圣的尊严。我们一定回想起，孔子扩展了“礼”这个字的涵义——礼本来指涉宗教的礼仪——孔子则把“礼”的意义扩大，按照礼的模式来构想社会本身。如果有关礼的学说被一般化，那么，将子贡与礼器之间的类比加以一般化并坚持到底，便是合理的。于是，我们将会看到，这个意象是如何深化我们对于孔子有关人以及人际关系学说的见解。

一般的社会礼仪，包括父子关系、兄弟关系、君臣关系、朋友关系和夫妻关系，这些人们以及他们之间的关系，根据他们在礼仪活动中所处的地位，都被视为具有终极的神圣性。至少就其受到人类习俗 76
和道德义务的调节而言，社会在孔子的构想中成为一个宏大壮阔的礼仪活动，这种社会礼仪具有精致的宗教礼仪所拥有的所有的神圣之美，施行这种优雅而充满灵感的礼仪活动，既使人感到肃穆庄严，又使人感到心旷神怡。创造和支撑人类终极尊严的充分条件，既不是个体的存在本身，也不是团体的存在本身。正是人生的礼仪的方面才将神圣性赋予那些在礼仪活动中担任某种角色的各种人物、行为以及客观事物。

孔子没有把个体看做一个终极的原子，没有根据动物或机械论来类推社会的法则；他也没有把社会看做一个证明灵魂不朽的根据，或者看做一个用来最大化个体快乐的契约性或功利性的设置。在《论语》中，孔子并不谈论社会和个体。孔子谈论的是做人意味着什么，并且，他发现人是一种独特的存在，具有一种独特的尊严和力量，这种尊严和力量源自于礼，同时也镶嵌在礼之中。

人诞生以后，只是吃喝拉撒、呼吸空气、享受感官的快乐和满足、避免身体的痛苦和不适，这些就够了吗？动物是这样做的。而要成为有文明教养的人，就要确立不仅仅是物理的、生物的或者本能的关系；还要确立**人道的**关系、一种具有本质象征属性的关系，这种关系由传统和习俗来界定，并且植根于尊敬和责任之中。

“今之孝者，是谓能养。至于犬马，皆能有养；不敬，何以别乎？”（《为政第二》第 7 章）孝敬父母，远远不只是使父母的身体得以存活。以适当的方式、怀着适当的尊敬与感恩之情并在适当的环境之中侍奉用餐——这就把单纯的养育行为转换成了人的饮食的礼仪。服从于鞭子的抽打只不过是一种家养的动物，但是，对那些合理正当的统治
77 者保持忠诚与信任，为他们效劳，从而在人类社群之中效力尽责，并且发自本心本性地如此效劳和服务——这就成为他所属于的人类社群的一个真正公民。

如同物的尊严一样，人类的尊严在于礼仪，而不是在于个体的生物性存在。这一点在这样的事实中显而易见：我们理解一个人牺牲他的生物性存在，如果“礼”要求他这样做，他就会牺牲其生物性而非精神意义的“生命”。当回答他的弟子心疼杀死一只羊来作为祭礼的牺牲时，孔子简明地指出了这一点，他说：“赐也，尔爱其羊，我爱其礼。”（《八佾第三》第 17 章）

孔子说：“德不孤，必有邻。”（《里仁第四》第 25 章）通过与他人一起参与公共的礼仪活动，一个人获得了自身的转化。直到获得了这样的转化之前，这个人都不是真正意义上的人，而只是潜在意义上的人——如新生婴儿、森林中长大的狼孩或者“野蛮人”。当我们看到礼仪是如何把野蛮人转变成我们所知的最文明的人时，礼仪就得到了证明。而反过来看，当我们看到一个人的最佳状态是过一种神圣礼仪的

生活，而不是过一种满足口腹之欲或者纯粹动物性存在的生活时，人的完美状态也同样得到了证明。无论我们采取哪一种立场，我们都得到了观察人类和社会的一种视角，这种视角阐明并深化了我们对人的特性和尊严的理解。当我们把一个人看做公共礼仪的参与者而不是作为个人主义的私我（individualistic ego）时，这个人就正如祭祀的礼器那样，向我们呈现出一种崭新而神圣的美丽。

因此，在《论语》中，作为个体的人不是神圣的。然而，他并未因此而被认为是一个服务于“社会”的单纯的器具。因为社会并不是一个独立的存在，就如同礼仪并非独立于礼仪的参与者、神圣的礼器、祭坛和祭祀用语一样。社会就是人们彼此把对方当做人来看待（仁）的那样一个场所，或者更为具体地说，按照礼的权利与义务，出于爱、忠和恕，这 78
些都是人们彼此之间的人际关系所要求的。人际关系的形成不是强加于人的，不是物质上不可避免的，也不是一种本能或条件反射。它们是经过学习并自愿参与的礼仪。这个礼仪是自我证明其存在价值的。各种存在物、各种姿态以及种种言词，都并不是从属于礼的，反之，礼也不从属于它们。所谓“克己复礼”（《颜渊第十二》第1章），意思是说不再受动物需要和不道德的感性冲动的支配，而是要达到人类精神发展的自由境界。“克己复礼”不是一种“屈服”，就像韦利的翻译或许引导人们所认为的那样，而是人类精神的胜利。

如此看来，孔子思想的主旨不是“个体的发现”，或者说不是个体终极重要性的发现。**纯粹的**个体是华而不实、可以锻造以及脆弱易碎的，当一个个体在人生的礼仪活动中发挥作用时，该个体就被转化成为一个辉煌灿烂和神圣的礼器。但是，这并没有否认人类以及每一个个人的**最终的**尊严。个体的人不是一个毫无意义的蚂蚁，服务于更大的整体。他对于神圣性的参与和分享，就像祭祀的礼器具有神圣性一样，是真实和清晰可见的，因为这种参与礼仪行为本身**就是**神圣的。与基督教观点对人的看法不一样，孔子认为人之所以不神圣，是因为他的绝对的自我中心、孤立于他人，也孤立于神性和不朽灵魂的“一面”。孔子思想的中心主题也不是个体的“充分发展”，而是人性在人类礼仪行为中的充分展开。

尽管个体必须修身，正如庙堂里的礼器必须经过切磋琢磨那样，但在孔子看来，修身对于人的尊严来说，其**重要性**并不比礼器的准备更强。准备和训练是必不可少的，但只有礼仪才是最重要的。并且，在礼仪活动中，**所有的**因素、关系以及行为尽管各有其特殊性，却都是具有神圣性的。

我们也不应当认为：除非被塑造成为了达成礼仪用途的人工制品，大自然是被抛弃的。当我们透过一种雨舞（Rain Dance）礼仪的意
79 象来看《先进第十一》第 25 章所描述的一切时，大自然和人类一样都焕发出了神圣的光彩，河流、空气以及青春和歌咏也都投射出一种神圣的光辉。

在孔子看来，君子就是那样一种人：他绝对摒弃了主观臆想、自私自利、固执己见和惟我独是（参见《子罕第九》第 4 章）*，从“道”而不从“利”。这样一个人已经达到一个（真正的）人的境界。他是完满圆成之人。他是一樽神圣的礼器。

注　释

① 胡克斯：《东西方的个体》，第 94 页。

② 陈荣捷：《中国哲学的故事》，《东西方哲学》，C. A. 摩尔编（普林斯顿：普林斯顿大学出版，1944 年），第 27 页。

③ 柳无忌：《孔子》第 155、156 页。

④ 顾立雅：《孔子与中国之道》，第 136、138 页。我本人的诠释依照顾立雅（某些方面参见茂树贝冢），而不太像其他大多数人那样，他们那些人强调人与社会以及礼的角色之间的不可分割性。我并不希望减少其间的相似性或者进行更为详细的比较评论，我只是说我试图更为严格、更为完整地吸取这种观点的哲学和心理学的意蕴。我认为，这样做可以以一种崭新的眼光来审视孔子的立场。另一方面，这有助于阐明孔子思想中这种对人的看法与尊重神奇魅力的（magical-reverential）维度之间的密切的逻辑联系——我相信这种尊重神奇魅力的思想维度，顾立雅并没有认真地、充分地加以陈述，而是作了“理性化”的处理（尽管他感情上明显倾向于这种维度）。也参见 H. G. 顾立雅《从孔子到毛泽东的中国思想》（纽约：新美国文库，1960 年），第33～34 页。

---

* 原文是：“子绝四：毋意，毋必，毋固，毋我。”——译者注

⑤ 林语堂：《孔子的智慧》，第 17 页。

⑥ 如果讽刺是孔子的意图，是他使用挑战性、困惑性或吊诡性陈述的目的，那么，孔子的典型做法就是让讽刺的言论不带有抚慰的色彩。举例参见《八佾第三》第 8 章，《公冶长第五》第 3 章，《雍也第六》第 1、10、22、23 章，《述而第七》第 10、29 章，《乡党第十》第 26 章，《先进第十一》第 17、21 章。

81 关于文本问题

就本书的目的而言，我是求教于孔子的观点的，并且由此对他的言论集——《论语》中那些属于他的思想学说作出解释。更具体地说，我从《论语》里那些被认为很可能是较早期的和更接近于孔子本人的真实言论着手。当然，《论语》中的任何言论是否实际上是孔子的，这一点是令人怀疑的。并且，似乎有充分的理由假定，这些言论至少是在孔子实际话语基础上加工润饰后的版本。然而，一致的看法似乎是：《论语》的大半来自历史上孔子言论的实录或几近实录，这些实录或几近实录的言论构成了《论语》的主体。无论如何，我的中心目的是《论语》这部著作中所能够发现的思想学说，而不是它精确的历史起源。

至于这“最早的核心”本身的确定，也是见仁见智的。就我所知，专家们一致公认第三到第八篇应包括在最早的核心之内(其中个别章节除外)。个别不同的看法是：如果我们超越这最早的核心内容，而把本书的主体部分一圈一圈地扩大(先扩展到第二到第九篇，然后第一到第九篇，又第一到第十五篇，再第一到第二十篇)，那么我们就会逐渐得到越来越丰富的材料，这些材料在文风和时代上较为后起，但在内容上并不一定与孔子的言论和思想不相容，这种看法现在也得到了广泛
82 的赞同。我特别参阅了以下这些著作：詹姆士·理雅格翻译的列入中国经典丛书中的《论语》，阿瑟·韦利翻译的《孔子的论语》；H. G. 顾立雅所著的《孔子与中国之道》及其《用归纳法研究中国文献(Ⅱ)》(*Literary chinese by the Inductive Method Ⅱ*)；丹尼尔·莱斯列的《孔子》

及其发表在《通报》上的文章《论语的注释》;还有茂树贝冢(S. kaizuka)的《孔子》一书。

取自《论语》的各种引文都是引自根据传统文本的章节和段落。有许多英译引文也依照这个次序,两位最有帮助的英译者分别是理雅格和韦利(上文所引)。理雅格的译文是“古典的”英文,韦利的译文则是现代的,两者在文风和学术上都是有口皆碑的。本书所提供的引文基本上是理雅格和韦利的译文,偶尔是我自己翻译的。我之所以要修改或重译,是为了减少诠释性的成分,以便在某种程度上恢复或者接近中文文本的原初意象,这样所用的英文也可能是明白易晓的。

83 # 参考文献

（偶尔参考或引用的著作全部用注释注明）

1. 卜德(D. Bodde):《论语中令人困惑的章节》,《美国东方学会学报》,1933 年第 53 期,页 347～351。
2. 陈荣捷(Chan Wing-Tsit):《中国哲学资料》,普林斯顿:普林斯顿大学出版社,1963 年版。
3. 库夫勒尔(F. S. Couvreur):《中国文言文词典》,重印本,台湾:世界书局,1963 年版。
4. 库夫勒尔:《孔子与弟子的对话录》,第四篇,巴黎:凯瑟西亚(Cathasia),未注日期。
5. 顾立雅(H. G. Creel):《孔子与中国之道》,纽约:哈珀与罗出版公司(Harper & Row),火炬丛书第 63 号,1960 年版。
6. 顾立雅:《孔子是不可知论者吗》,《通报》,1932 年第 29 期,页 55～99。
7. 洛兰·顾立雅(Lorraine Creel):《早期儒家思想中的社会秩序概念》,加利福尼亚大学图书馆,1946 年,影印复制本。
8. 达布斯(H. H. Dubs):《孔子思想中的"自然"》,《美国东方学会学报》,1930 年第 50 期,页 233～237。
9. 冯友兰:《中国哲学史》,卜德译,第 1 卷,普林斯顿:普林斯顿大学出版社,1952 年版。
84 10. 吉尔斯(H. A. Giles):《汉英词典》,伦敦:凯利-沃尔什出版公司(Kell & Walsh),1912 年版。

11. 罗·吉尔斯:《论语》,纽约:格罗夫出版公司(Grove Press),1961年版。
12. 胡克斯(E. R. Hughes):《中国古代哲学》,纽约:E. P. 杜登(Dutton),1942 年版。
13. 胡克斯:《东西方的个体》,伦敦:牛津大学出版社,1937 年版。
14. 茂树贝冢 (S. Kaizuka) :《孔子》,伯恩斯(G. Bournes)译,伦敦:乔治·艾伦与昂温出版公司(George Allen & Unwin),1956 年版。
15. 高本汉(B. Karlgren)(德):《中日汉字分析词典》,巴黎:保罗·古特纳尔(Paul Geuthner),东方图书馆,1923 年版。
16. 劳弗尔(B. Laufer):《论语·子罕第九》第 1 章,《美国东方学会学报》1934 年第 54 期,页 83。
17. 詹姆士·理雅格:《论语》,中国经典丛书,重印本,香港:香港大学出版社,1960 年版。
18. 丹尼尔·莱斯列:《孔子》,巴黎:塞格尔斯(Seghers)出版公司,1962 年版。
19. 丹尼尔·莱斯列:《论语的注释》,《通报》1961 年第 49 期,页 54~63。
20. 林语堂:《孔子的智慧》,纽约:兰登书屋,现代文库,1938 年版。
21. 柳无忌(Liu Wu-chi):《孔子的生平与时代》,纽约:哲学文库,1955年版。
22. 马修斯(R. H. Mathews):《中英词典》修订版,麻省剑桥:哈佛大学出版社,1960 年版。
23. 庞德(E. Pound):《论语》,《哈德森评论》第 3 卷春夏刊,1950 年。
24. 苏蒂尔(W. E. Soothill):《论语》,伦敦:牛津大学出版社,1958年版。
25. 阿瑟·韦利:《孔子的论语》,纽约:兰登书屋,现代文库第 66 号,1938 年版。
26. 沃尔(J. R. Ware):《论语》,纽约:新美文库,大师经典丛书,1955年版。

附　录

作者关于《论语》的三篇论文

《论语》中人性的音乐

一

当西方人将人性和命运加以哲学化时，在讨论中所创造的普通的新的词语，就是像“个体”、个体的“幸福”、“自由”和“理性”这样一些概念。对于我们是否自由，以及在何种意义上我们是自由的，康德和斯宾诺莎也许截然不同，但是，对于这个问题的至关重要性，他们则是一致认同的。[①]并且，他们也都同意幸福和理性的基本价值。尽管早在亚里士多德的著作中，自由还没有成为一个中心问题，但是，亚里士多德已经假定：个体的理性和幸福乃是人性及其命运的本质。[②]在更为晚近的当代，“存在主义者”、“实用主义者”、“实证论者”、“日常语言哲学家”和那些利用更形式化的逻辑、语言及科学取向方法的人们，以完全不同的方式考察了自由和理性的问题以及它们和个体幸福的关系——然而，所有这些思想流派都一致把个体以及与个体的幸福、自由和理性相关的问题，理解成为他们讨论伦理和人类行为的问题时所关怀的中心命题。[③]

因此，对于在《论语》（又译《孔子对话录》）[④]中，那些关于幸福、自由和理性的哲学概念完全没有出现这一事实，我们就不应当低估其重大意义。[⑤]在《论语》中，有关个体的概念，既不意味着人性的终极单位，也不是人的价值和尊严的终极依据。所以，从哲学上说，《论语》把我们西方人带入一个完全不同的人的世界。

在本文中，我想详细阐明与西方的这种鲜明对照，也要用他们自己的术语来详细阐明相关的孔子思想观念。在这样做时，我会把我在其他文章中所提出的关于孔子的一些简短观点会聚到一起[6]，并用与以前不同的方式来使这些观点得到进一步的展开和充实。

现在，我要着手讨论我刚刚提出的那种可能是最有争议的主张，也可能是其中一个最根本的主张，那就是：对《论语》中的孔子来说，个体既不是真正人性的终极单位，也不是人的价值的终极依据。

尽管后起的儒家经典，甚至像早期的《大学》，似乎确实赋予个体自我的概念以一种哲学意义上的重要性[7]，但是，在孔子本人的"对话"里，情况却不是这样。诚然，在《论语》中，在一种表明他正在谈论最重大事情的语境中[8]，孔子确实明确使用了"修己"(cultivate the self)这个词语。然而，尽管他反复使用了这个词语，但在整个《论语》中，孔子也仅仅是在这一个场合才如此使用的。而且，孔子在这一章中每次使用所强调的，都不是具有终极或一般化意义的"己"，而是应当修(己)以培养某些具体特质的观念，也即尊重他人(敬)、关心他人的安乐(安人)等等。在另一处，孔子也谈到了克己(controlling oneself)[9]，其中的"己"带有负面的意义。然而，从克己后面紧跟着的"复礼"(或遵从礼)这个词语来看，这句话的意义可以得到更为完整的理解。由此，这句话的关键在于：并不是把克己(self-control)作为某种具有高度一般意义的根本事物，而是令其相当于那种十分具体的指令："按照礼的规范，约束自己的行为"。简言之，在这一段话中，关键在于遵从礼，而不在于自我。

无论如何，在《论语》中，上述克己或者修己的任务好像并不是中心任务。孔子常常说到还有其他任务，并且一再说到其中一些任务具有终极的重要意义。孔子一再明确说到的极其重要的任务，就是献身于道、遵从礼、成仁、行义。[10]因此，粗略地讲，如果我们把作为本身的个体"自我"概念的哲学探究当做《论语》的一个哲学兴趣中心，那就会歪曲我们对于《论语》的看法。

孔子也没有教导说，个体的生命因其自身而具有某种绝对的价值。孔子承认我们倾向于有价值的生命，但是在那些同样的语境中[11]，孔子话语的关键恰恰是指出：任何生命都没有超绝的价值——甚至人的生命也不具有超绝的价值。相反，孔子强调说：正是与一个人的生活——或死亡——的情境和方式有关的某些东西，才可望具有终极的价值。生活中至高的价值和尊严，以及生命的神圣性，都取决于实现卓越的人生之**道**的全心全意的精神和技艺。因此，具有至高价值的，是与道相合的生命，仁者的生命，而不是个体的存在本身。

当然，在西方，我们也熟悉自我牺牲的观念，懂得理想比生命本身更加珍贵。但是，在逻辑上，这样的思想观念与一种个人主义的哲学是相冲突的。因为，如果个体存在本身被视为人类终极尊严和价值的所在，那么，自我牺牲的观念就是不一贯的了。因此，在西方，自杀的观念在传统上被认为是一种严重的罪恶。自我牺牲惟一可取的个人主义理论基础，即是一个人的生命也许可以为了保存两个或两个以上其他的生命而牺牲。但是，如果我们在每一个人都有绝对的价值这样一种预设的脉络中严肃地加以考察的话，那么，这种数量的计算很快就会导致深刻的怀疑甚至自相矛盾。当然，孔子并没有根据这样一种计算来谈论自我牺牲的问题。

当然，西方人可以这样来说明自我牺牲的理由：值得重视的，恰恰不是自我的存在，而是个体生活的**方式**（“生活质量”）。可是那样的话，如果正确的生活**方式**所需要自愿牺牲的恰恰是这种自我的存在，那么由此得出：“方式”而不是生活才是价值的终极所在。因而，按照西方的思维方式，一个人放弃了关于个体的终极或绝对价值的观念，这会引导他走上一条痛苦的道路。结果往往产生关于某些超人价值（supra-human value）的哲学、宗教、民族主义或经济统制的学说。为了“更崇高的”善的缘故，这种超人的价值甚至把对个人的压迫或毁坏合理化。也就是说，西方思想在放弃个人主义之时，已经典型地将终极的价值和关怀转换到一些“更为重要的”现实秩序上了。

在现代，颇有影响力的当代社会学家用听起来较少形而上学的语言，拒绝了把个体自我的概念作为社会赖以建立的终极原子，而代之以把“自我”看成一个“结构”—— 一种合成分子，这似乎是从社会学或心理学所定义的次级系统中产生出来的。因此，这种自我可以被看成一种学习角色的复合组成[12]；或者，从心理学关于自我结构的变项来看，又可以把自我看成是一种反应倾向的模式，这种模式来自于受到条件限制的学习或者操作性的学习。[13]

然而，那些生活在孔子的世界中的个体们，并没有作为某些不食人间烟火的更高级的超人类实在——无论是真实的，还是虚幻的——而来到我们的面前。他们似乎也不是某些无限的、更伟大的创造主的创造物，或者仅仅是某种超个体实在的某些方面或片段。不错，孔子强调的是传统的社会角色。但是，即使当其个体最勤勉地追求这种社会角色所承担的义务之际，他们也能够显示出独特而有趣味的风格[14]，而不仅仅是标准化组成部分的集合。另一方面，由强调《论语》中人物的温润人性来看，我也不打算撤销我所提出的中心的、原创的论断，这种论断就是：孔子关于人性的哲学及其人文主义（humanism），并不是一种个人主义式的人文主义。

正如我早先所提示的，这些引论性的话语旨在表明：对于我们所熟知的西方哲学的看法，孔子对人性和命运的看法与之根本不同。因此，西方哲学的范畴不完全适合于孔子的观点。但《论语》是非正式的谈话录，将孔子所谈论的那些东西与西方人有关个体、社会角色模式、学习模式，以及价值高于个体生命等的谈论相比较，双方在意义上的确常常有彼此重叠之处。这些显著的思想特征引导人们作出这样的假设：在《论语》中，在许多方面，许多具有同样意旨的谈话与西方观念是互相重叠的。对于这种假设，以下的讨论意在指出它如何以及为何是不正确的。

二

我们常常说道，孔子视为根本的生活方式是植根于传统之中的。[15]在此，我们立即碰到一个术语上的陷阱：与孔子心目中的传统相比，英文词中的“tradition”是说得太多了还是说得太少了呢？西方“传统”的概念将历史性（historicity）置于中心——传统是过去世代传承下来的言行举止的模式。[16]正是由于通过时间的这种绵延不断，传统才成为一种社会的“习惯”。渐渐地，传统也呈现为一种规范性的、义务性的状态：传统不仅仅是人们长期以来事实上的行为方式，而且还是一种通常有权期待人们根据它的要求来行为的一种行为方式。当然，一个人期待与传统相符合的权利的力量将会更强还是更弱，有赖于这个人在文化中对待传统的一般态度，有赖于我们所谈论的特定传统的内容，也有赖于这个传统所延续的时间长度。如此说来，“传统”一般说来具有一种规范性的作用，但其本身却不带有约束性的道德力量；传统观念的核心相关于世代传承的行为模式的持续不断，而与约束性的义务无关。

当孔子说到“礼”和“道”时，这种传统观念并没有清楚地传达出孔子心中的意思。在他看来，“礼”和“道”并**不**是有关人们世世代代如何行为的基本的描述。确切地说，引起孔子绝望的是以下这个事实：在代代相传的过程中，人们经常不依“礼”而行。[17]对孔子来说，“礼”和“道”更多地深刻代表了被确证为可靠的那些行为规范，而不仅仅是各种实际行为的历史性的持久形式。“礼”和“道”起源于古代的风俗习惯、起源于周代甚至更早的黄金时代，其意义就在于：它们是这样一些规范，通过在有德并且明智的政权中被接受，这些规范的本真性(anthenticity)从而得到了证实，而(孔子推想)有德并且明智的政权是由那些清晰而深刻洞察了人类存在意义的人们来治理的，这些人们遵照他们所发现的真理而生活。另一方面，历史在实际上是一个道德衰退的过程，而根本不是一个由于世代重复而变得真实可靠的过程。

这是因为实际传递到孔子这个世代的行为模式对人的命运常常是如此地构成威胁，以至于孔子将注意力转向古代典籍以及早先流传下来的各种描述中记载的规范，那些古代典籍与描述是有关某些德智兼备的古人如何为人处世的。当然，对孔子来说，当代的图景也并非全然黯淡无光；在最近的时代和附近一些地方，至少仍然有一些人根据礼的要求过着他们应当过的生活。[18]

因此，孔子所教导的**实质的**(substantive)智慧并不仅仅是忠于传统，而毋宁是某种特定生活方式的内在智慧。要发现这种智慧的具体内容和根据，我们需要作进一步的考察。

既然强调“礼”和“道”的概念并不主要指过去的社会事实，而是指社会的规范，也就是指导行为的规则或原则，那么，我现在想强调的就是，这些就是**社会的**规范。在此，我们再一次不得不当心术语的使用。在目前的语境中，我们所谓“社会的”这个单词，含有以下几层意思：首先，这里“社会的”这个词是和“个体的”相对的。它表达的观念是：礼的合法性并不取决于某一个体对于礼的接受，而是取决于贯通个体的(trans-individual)某些东西——取决于人性的本质——正如我们应当看到的，那种贯通个体的东西具有不可化约的人际之间的属性(inter-personal)。

其次，规范是社会的，这是在代代相承的意义上说的。年轻一代传承了老一代的价值观念，而老一代又是向比他们更老的一代学习来的。或者，换言之，这些规范不是通过个人的良心、或经由个人人格的启示或先知的洞见而发现的；它们必须是通过教导和学习才能够获得的。[19]

最后，礼是社会的，这是在礼是规范这个意义上说的。规范的内容涉及到一个人在其同伴之中如何地言行举止。例如，相比之下，这样的礼不是指导人们如何接近他的上帝。对具有个人主义思想的伟大神话人物(myth-figure)，它们也派不上任何用场。对于只身一人处于世间的鲁宾逊·克鲁索(Robinson Crusoe)来说，只需要关注他自己的行为举止，为的是过一种体面的人的生活。[20]与克里斯那(Krishna，印度史诗《薄伽梵歌》所描述的最高神的化身。——译者注)所教导的规范相对照，孔子所教导的那些规范的内容既不像前者那样指导人们如何将自我从世俗行为的世界中解脱出来，也基本上不关注那种作为纯粹牺牲的人的行为。就其内容而言，孔子的教导提供的既不是一种基督徒的心灵纯净，也不是一种道家隐士的自然无为。这些对照强化了这样一种事实：“礼”和“道”在内容上是社会性的。

从正面来说，孔子特别教导我们要对他人忠诚和真实[21]，要关心和体贴[22]他人，这便是孔子之道的中心内容。我们应当在私人生活中真诚，在公共生活中勤勉[23]；并且，当我们几乎随意翻阅《论语》的某几页从而有所获悉时，对于如何同他人打交道，我们一定要细心地采用各种具体的应对方式。[24]无疑，君子之道是社会性的——他没有想到安坐在家里，他想到的是服务于他人。[25]甚至那些可能被认为容许隐私或至少某种纯粹私人身份的活动，诸如读书、歌咏、进食、饮酒、狩猎和垂钓等等，也是具有社会性的。[26]因为在孔子的世界里，这些都是由“礼”所主导的社会活动；一个人不会有完全“私人的”行为。[27]

于是，我们可以推断：孔子是否认为个体的人应当**为了**他人而活吗？——或者应当为了“社会”或“社群”而活吗？在此，“社会的”这个用语可能被严重误解。

当然，按照孔子的观点，“忠”(loyalty)和“信”(good faith)应当是首要的原则。[28]一个人必须根据其在家庭中所处的身份地位[29]，或者更大范围上的社会的身份地位，勤勉地、恭敬地为他人服务，譬如作为一个君主的大臣。[30]从另一方面看，这种忠诚地服务于他人并不是一种一般化的利他主义，或者根据特定等级或身份地位而应尽的绝对义务。与此相反，这种(社会)关系体现了(关系)**双方的**特权和限制——正是“礼”以及终极意义上对于“道”的追求，而不是关系双方的纯粹存在或者欲求，才是规范性的。[31]如果这种关系没有按照“道”的规定进行，那么，人们就可以阻止、批评[32]，甚或解除这种关系。[33]

因此，我们必须区分两种情况：一种情况是，一个人为了他人而活，或者为了一个民族或国家而活；另一种情况是，一个人过着一种合于“道”的生活，这种生活因而在某种情况下或许包括为了保护他人的最大利益而甘冒生命的危险。[34]诚然，值得强调的是，孔子并没有教导相当于现代西方称之为忠诚于国家或民族(或者，“人民”或阶级)的任何事情。尽管《论语》中所描绘的理想生活显然是一种生活在有序社群中的生活，但是，这种生活并不是一个西方人可能理解的那种倡导自我牺牲的爱国主义或者利他主义意义上的社会服务。[35]

据说，我们所见《论语》中描绘的社会是“封建的”。[36]这种认识方式认可以下几个方面：第一，这种社会基本的社会-政治关系是人与人之间的关系，而不是人与社群或者人与国家之间的关系；第二，这种社会中的种种关系是有限定的，要相互地承担义务，具体地说，其限定与身份相关，而不是要求极权主义的忠诚；第三，在特征上，这种社会的种种关系既是平等的关系，同时也是等级性的关系。

在《论语》中，这些划定界限的人与人之间的关系之所以受到倡导，是因为它们能够实现并体现人类生命的最高价值，也就是最为**人性的**价值。因此，举例来说，“父亲身份”（fatherhood）圆满的人的价值和意义，并不体现在一种单纯生物性的关系之中。我的父亲身份所具有的人的意义和价值，是在不断进行的、生活中的关系中来实现的，在那种关系中，作为父亲，我以恰当的行为对待我的孩子；在那种关系中，我以一种真正父亲的方式来对待我的孩子。这是一种**行为的**方式，也就是说，在这种行为中，关键是必须有两个人。我们通过指称其中之一的用语——父亲——来命名这种两个人的关系。但是，如果没有“孩子”，“父亲”这个用语就没有什么意义。并且，在最高的人的意义上来说，我也不能够作为一个父亲而生活——除非我有一个孩子，这个孩子与我一起生活在一定的关系之中。

在《颜渊第十二》第 11 章“君君、臣臣、父父、子子”这个著名的表述中，含有一个重要的真理，但西方的翻译往往掩盖了它。如我所翻译的（坦率地说，没有标准的英译）——“the prince princes, the minister ministers, the father fathers , the son sons.”——这个真理的要点在于，在这个“君君，臣臣，父父，子子”的社会共同体中，各种事物是否各得其所。汉语文本[37]表达了这个要点，在某种意义上说，我们不能用恰当的英文来表达它，因为我们缺乏合适的动词形式对应于每个个别的名词。汉语用精巧而简洁的言语阐明了这一点，每一个概念只用两个同样的书面文字，直接相连，第一个用作名词，第二个最好理解成动词——就像我上文所翻译的那样。因此，做一个父亲是一种**活动**。而更多人一般把这段文字翻译成：“the father is a father”，或者“let the father be a father”。他们这样翻译，用的是我们正在争议的说明某种特性或拥有某种身份地位的语言。然而，如果我是正确的话，那么，这样翻译未免使这段话的要点过于静态了。

我坚持认为，这段话的关键在于把名词动词化，这并不纯粹是语词或逻辑上吹毛求疵的意见。例如，这一洞见可以将我们引导到孔子的重要理念，这个理念就是：对于成为一个君主来说，世袭的**身份**既不是必要的，也不是充分的。所谓君主不像君主，也就是说，君主的**行为**，没有显示出与其臣子所应该具有的那种关系，那么，这样的君主就可以被视为根本不是真正的君主。[38]另一方面，那些能像君主或臣子那样恰如其分地**行动**的人，就能因此而配享有君主或臣子的身份，即便他们不是天生的具有这种身份。[39]身份的主要标准既不是出身（birth），也不是形式的职务（formal office），而在于**品行**（conduct）。当然，这在那个时代是一种革命性的观念；这种逻辑性－观念性的转换具有一种政治-道德的观点。

尽管我们每个人——例如父亲和孩子——都可以从这种（父子）关系中得到个人的满足、快乐或痛苦，但是，使我们**人性化**的事物并不是快乐或痛苦本身。就完善人性而言，值得注意的是这样一个事实：我们正合"礼"地生活在父与子的关系中。快乐即产生于此，或者产生于其他任何合"礼"而得体的生活关系之中，这在道德上是富有意义的和可以接受的。然而，快乐不是我们的目的。由于背离或废弃这种关系而产生的快乐，在道德上是不可接受的，或者说是没有任何道德意义的，没有真正人性的意义。从本质上说，做人就在于生活在那种合"礼"而得体的关系之中，而不在于获得感官上或其他个人满足的效果。[40]

就父亲身份而言，如果说我为了父子关系而生活，那就如同说我为了社会或国家而生活一样是错误的。我的生命不是维持这种关系的一种**手段**；这种关系就是我的生命，而不是某些外在于我的生命而让我为之服务的东西。我生活中每一种这样的关系，如果它确实是一种真正人性化的关系，那么它就会构成**我的**生命，因为正是通过生活在这么多的关系之中，我才获得一个更加完整的人的生命。正是通过做父亲、儿子、丈夫、大臣，甚或君主——通过合理得体地生活在这样一些人与人之间的关系之中——我的生活才成为真正的人的生活。

于是，不难理解，将所有这些合理得体的生活关系集合起来，其一般性的特征便是"我即仁"。正如有人常常指出的：在中文里面，仁是用两个书面文字加以表达的，一个字代表"人"的概念，另一个字代表"二"的概念。这里还有一个值得注意的事实是：对于"仁"这一至高无上的美德，其口语发音与表示“人类”或“个人”的单字“人”相同。要达到尽善尽美的人的境界，要成为一个人，就要与生俱来地生活在与他人共处的特定的人际关系之中，真正的人际关系就是那些由“礼”所规定的关系。

因此，我们可以推断，关于最真实的人的存在方式，所谓“**我的**生活”不过是一种抽象物。现实的人的存在不可化约地是“**我们的**生活”。然而，赋予这种抽象的“我的生活”以意义的东西，是这样一个事实：即“我们的生活”关系的每一种情形都有一种持续的同一性，区别于这种关系。“我的生活”实质上是由你和我、我的妻子和我、我的孩子和我，以及我的学生和我等等的生活关系所构成的……当“我”被从我们共处的生活中抽象出来时，**作为人**的“**我的**生活”就失去了其实质的内容。于是，“我”就成为一个空洞的抽象物，至少就**人**的本质而言是如此的。与这个抽象物相对应的东西，是某种具体的实在——物质的身体、人的机能。但是，当进入人与人之间的关系之中时，一种新的实在便生成了——那就是真正的人性。

在所有这一切关系中，并没有形而上的神秘性。这只不过是说，没有脱离父子二人生活关系之外的“父亲”；没有脱离百姓之中特定生活关系之外的“首相”；同样，也没有脱离具体人与人之间关系的“儿子”、“妻子”和“朋友”。这是西方个人主义所否定的一个真理——脱离这些生活关系，就不存在真正意义上的人。如果你剥离我作为父亲、儿子、丈夫、公民、朋友、老师等等的生活，那么所剩下的“我”就只是一个抽象物，只是一个人的有机体，这个有机体只不过具有进入真正人的存在的潜质而已。

哪里不存在至少两个真正的人，哪里甚至就连一个人也不复存在。[41]

长期以来，对于孔子热爱音乐并赋予音乐以人性的基本意义和价值这一事实，我一直印象颇深。[42]在我看来，孔子许多关键的理念和睿识洞见能够很容易地通过音乐的类比来加以阐明，这决不是偶然的巧合。当孔子思考他的理想时[43]，他是以音乐的方式来进行思考的。因此，我不打算直接阐明我刚刚陈述的论点，而是愿意稍稍离开主题，通过发展一种音乐的类比，为我正在诉说的问题提供一个不同的视角。

我们常常把美或其他一些更具体的审美品质归于一件完整的音乐作品。我们或许会说：莫扎特的“费加罗的婚礼”是一场美丽动人的歌剧。但是，我们通常也挑出某些特别的音乐片段、或和谐乐章或甚至一个音调，认为其具有特殊的美。例如，在这场歌剧接近尾声时，伯爵谦卑地乞求伯爵夫人宽恕他的不忠，整个剧院霎时沉浸在一片巨大的静默中，然后，从这静默之中传来伯爵夫人的宽恕声音——“我宽恕你”(Ich weiss verzeihen)。

她的声音以一种明快而柔和的跳跃方式，上升到一个高音符、一个异常柔和而纯净的持续音调、一个富有魔力的瞬间。她进入到中C调之上的G调，很快又跳跃到D调，然后重复产生D调作为持续音调。然而有的时候，如果我们对于整个歌剧根本心不在焉，如果有人突然地唱起持续的D调，那么它就一点也不会具有同样崇高的柔和性。我们可能欣赏那种技术声音的制作——音调的清脆洪亮、定调的真实准确，甚至在音质上也有某种热力和生命。然而，它最终只不过是一个唱得好的D调。E调也是同样——作为技巧即使很精湛，但作为艺术同样毫无意义。当然，这种音声，这种持续的D调，有它自己的特性，有参与许多不同音乐关系的潜质。但这种音符本身不是音乐；它只不过是声音，是有可能成为音乐的声音。

在歌剧中，赋予这声音最柔和音质的是它与前面G调和D调的生动关系，而G调和D调又与它们前面强烈静默的瞬间有着生动的关系。此外，这种单音调获取它的卓越品质，是由于它与紧随其后但还未发生的音声有着动态的关系，这是我们心里面听到但还没有传到我们耳朵里面的一种声音。(任何人如果还不熟悉整个乐章——既不熟悉后面的也不熟悉前面的——那么他就不会听到这种具有卓越品质的声音，而这种声音对于那些已经非常熟悉整个乐章的人来说是确实具有的。)

因为在任何一个时刻，我们的注意力可以恰当地集中在某一成分如这一音调上，所以在那特别的时刻，它就好像是单一的实际的声音，如持续的D调，这个声调本身具有卓越性。但更为正确的是要将这一实际的音调视为正在闪烁着音型之美的光芒，所谓音型，也就是从这一时刻实际的音声角度所领悟到的乐章的模型。

至此，通过注意到个人自我与音乐之声之间的主要差异，我们还能知道得更多。说到"**同一**"音乐声音时，我一直在说D音调的**概念**。尽管十分类似于这一种(D调的)**物理的**声音，但是，在今日表演中所演唱的那种实际的物理的声音，却是一种全新的声音，这种声音是当其发声停止就不再存在的某种东西，是决不可能再存在的东西。正是这种实际的物理的声音，才使音乐得到了实现。另一方面，在说到进入不同人际关系的个体时，我总是在说某一个人以及同一个实际的生物存在。因为贯穿各种不同的生活的关系，人的个体实际上还是同样的那一个。如此看来，将个体看做(即使孤立地来看)对于界定人类生活中一种特定统一体具有特别的意义，就是更加饶富意味的。对于理解生活来说，那种人类生活中特定的统一体或许是关键所在。

此外，与实际的声音不同，实际的人类个体是一种能动的统一体，也就是说，人类个体既体现出天生的驱动力，又体现出后天习得的驱动力，还体现出内在的和积极的倾向，在那些驱动力和倾向的推动下，个体以一定的方式创造出并进入到各种关系。关于这一点，过一会儿我们探讨人的"自由"问题时，将进一步加以说明。

由此可见，正是个体真正实质的、持续的同一性以及个体内在生成的动态潜能，才使得西方人以下的思想观念似乎可能，这种观念就是：人的终极实在就是像"自我"或"灵魂"这样的自我同一的个体，或者至少是这种个体某些持续自我同一性的内在成分。然而，我想说明的是：孔子的理念是这样的，孤立地来看，个体尽管是一个连续性的个体，个体尽管也是一个动态的存在，但是，个体并不由此就是一个真正或完整的**人性的**存在。我们可以说，成人"存在"于婴儿之中，或者说完全长成的参天大树"存在"于种子之中。在这个意义上，我们可以说，这样一种连续存在的个体是人性的。正如孔子会说的，个体是"素材"(stuff)，因此，我们现在必须通过教育它如何与我们一起追求"大道"来培养它。[44]显而易见的是，与单纯物理的声音不一样，人类个体有一种积极的能动倾向，能以一定方式参与到特定的社会关系之中去。人类个体的那些倾向有一种“态度”(stance)。[45]“仁”的态度就是参与建立真正完整的人的关系的倾向。在这些生活的关系之中,“仁”得到了**实现**。

从这种分析的立场看,在孔子有关君子或者仁者所拥有的非凡品德的话语中,存在着一种让人感到有趣的模糊性。他似乎说,君子或者仁者有一种不可抵挡的魅力,必然吸引着别人追随他们,并从他们身上汲取体现礼和道的精神感召或鼓舞人心的力量。[46]通常归之于这几段话的意思是说,其中存在着一种不同寻常的和奇妙的**因果**关系。[47]但是,在另外一种意义维度上来看,这几段话所提供的又并不是一种因果性的主张,而是一种也许可以称之为启发性套套逻辑(tautology)的东西。通过强烈感人的意象,这几段话唤起我们的注意力,让我们去关注实现“仁”**意味着**什么。这几段话提醒我们:说一个人是真正在生活中活生生的仁者,那就必然是说我们看到其他人以一种“礼”的方式归趋于他,也就是说,自发地参与到“礼”的关系之中。在逻辑上,孔子谈论仁者之德的话语类似于这样一种陈述:“一个真正善于沟通的人将会使所有倾听者心领神会”。以下陈述可以用来清晰地阐明“真正地沟通”这个词组究竟意味着什么:所谓“真正地沟通”,我们的意思是说,在与其他事物的共在关系中,这个人确实能使听众获得理解。同样如此,基于这里所提出的观点,成“仁”也就意味着(在与其他事物的共在关系中)与他人之间产生活生生的“礼”的关系,如此一来,所有的一切便都会根据道而像它所应当的那样恰当地进行。这是一个概念的说明,而不是因果的假设。

当我这样说时,我并不意味着要否定在“德”之中所含有的“神奇因果力量”的成分,我认为,发人深省的分析性的套套逻辑**以及**获得神奇力量的希望,这两种理念在孔子的思想中都有所表达。然而,根据这里所提供的分析,这种神奇力量的基点就发生了转换。我在其他文章中曾以相当的篇幅论证说:[48]由于过着就人性而言最富有意义和价值的生活,因而,孔子理想的人格典范具有这样一种神奇非凡的吸引力。我论证说,较之一件伟大的音乐作品凭借圆满实现音乐价值从而唤起自发的响应,这样一种圆满人生的吸引力所具有的神奇魅力,既不多,也不少。然而,在目前的语境中,甚至比早先的讨论中更需要强调的是,这种典范的人格——君子，本身并不是一个孤立的个体。事实上，君子是一个与他人一道参与到“礼”的关系的个人。而从他人的角度来观察时，对于他人来说，正是这种(礼的关系)**模式**，才具有实现真正人性的神奇的激发力量。引起我们误解的是那样一种东西，就像音乐声音的情形一样，我们的注意力往往集中于那特别声音——或个体的人——实际上此时此刻在我们面前，当下体现着的是那种音型(或模式)的意义。[49]

三

在孔子所描绘的这幅真正的人的存在的图画里，我们在哪里发现了人的自由这种在西方人看来是人的第二基本条件的东西呢？并且，理性和幸福又在哪里呢？在《论语》中，没有发现任何与此相应的词语发挥任何哲学性的作用。关于这一点，通过将其与西方个人主义的主题相对照的方式，我们一直在考察孔子关于人性的观点。如今，到了该讨论孔子观点与其他那些西方思想主题之间是何种关系的时候了。

当我们询问人的自由在什么地方与孔子的图画相符合时，我们必须当心的是：对于孔子没有措意的问题，以及本身显然是模糊不清的问题，我们不要过早地试图有所回应。要求人的自由的那些人，在谈论“自由”时，可以意味着不同的东西。的确，在有关自由论题的讨论上，有大量的文献都向我们证明情况的确如此。那么，回答这样一个问题的最为简便的方式——不管它多么模糊不清，它确实具有重大的意义——也许就是以某种间接的方式，阐述孔子对可能是询问(自由)者所关心的问题发表看法，而不是试图给予一个直接而完整的回答。毕竟，我们这里的目的是要阐明孔子的独特观点是什么，并且把它与西方人所关心的一些主题相对照，而不是迂回曲折地试图初步解开自由问题所产生的纠结，也就是目前仍然阻碍着西方哲学家本身持续努力的那些纠结。

随之而来的东西，不仅是自由概念所涵盖的横向领域，而且——更多地是暗含而非明显地——涉及西方人关于理性和幸福的概念。

这里，我们也需要采用颇为间接的方式，因为孔子的基本范畴并不完全清晰地对应于西方有关真正的人的行为的观念，作为一种理性的行为，西方的观念的目标是指向幸福的。

正如孔子所看到的那样，有关成为一个真正的人这一志业，我们需要考虑三个主要的维度：

首先，存在着一个“礼”的维度，或者更为宽泛地说，存在着一个“道”的维度。“礼”或“道”的维度是指在社会上传播的各种规范，这些规范界定着使真正的人得以实现的行为举止的各种形式。

第二，存在着一个个体的维度。这种个体与生俱来就有学习做一个真正的人的潜质，或“素材”。[50]这里，“学习”的意思既意味着学习去实践(to-learn-to-do)，同时也意味着学习去认知(to-learn-to-know)。学习做，既包括以惯常的方式学习去实践(learning-to-do-habitually)，也包括学习去实践那些在某些方面对于特定的场合来说不同寻常的事情。

第三，存在着一个鼓励-吸引(inspirational-attraction)的维度。这是有权威影响的人格典范自然生发并且如同“磁性”一般的吸引力，面对其圆满的人性，学者不自觉地被激发出学习的努力。

我们首先来考察“礼”的维度，为了当前的目的，我们不妨进一步以音乐作类比，以便使得相关的论点更加清楚。“礼”可以被理解为音乐的各种形式，在这些形式当中，音乐家们来从事他们的音乐创作——可以谱写的器乐的音色、和声的一般原则、乐调和节奏形式，以及个人作品的有组织的音型(奏鸣曲形式、赋格曲、交响曲——或者如孔子世界里的各种“舞蹈”，像继承舞蹈或战争舞蹈等)。这些大体上都是音乐的传统。但是，我们必须记住，“传统”这个词只是告诉我们借以获得这些形式的方法或手段，而并不是说这些形式的规范性的权威就在这里面。可以推测，音乐形式的规范性的权威存在于这样的事实之中：当物理的声音得以塑造，从而与这些规范相符合时，物理的声音就变成了音乐，否则，物理的声音不过是噪音而已。由此，音乐的形式不必是传统的，但至少必须能够实现音乐的价值——这是与我们所独立察知的真理相一致的一个结论。

与此相类，“礼”的典范性的权威在于这样的事实：如果一个个体遵从礼，那么，（这个人所潜在具有的）真正的人的各种品质就实现了。这也就是说，人际关系是**人与人之间**（interpersonal）各种关系的各种具体形式，而绝非仅仅是个体之间的任何关系。

如果我们把个体更多地想像为类似于音乐的表演者而不是音乐中个别的音声，那么，我们就着重凸显了这种过程的第二个维度。正如我们已经指出的，因为在孔子看来，个人不是一个单纯的事物，也不是由条件反射控制的生物；而是塑造人性的“素材”，这种带有能量、主动性和行为倾向的素材是活泼生动的。个体能够而且应当专心致力于学习礼，直至完全娴熟地掌握它。[51]对于成为仁者来说，缺乏足够的努力被认为是失败——甚至是应该受到责备的失败——但却不是就道德上错误的自由选择而言的，自由选择是《论语》中从未表达的一种观念。[52]对于这个问题的诊断，孔子可能是就关心不够或没有竭尽自己的力量这方面来说的。这种失败也许与不良“素材”有关，或者与程度不够的学习有关，或者由于缺乏一个典范人格的引导所致。[53]

一个确实尽力学习礼的人，最终都能够富于想像力地以适应环境的方式，娴熟地将各种形式融合或重新融合起来，当他这样做的时候，是以一种精审而非盲从的方式，显得自然而优雅——富有创造性地。[54]因此，娴熟于礼的个体都类似于音乐表演的大师，尽管他总体上遵从预先定好的乐谱曲调，但是，他却以一种创造性的、艺术家的、积极主动的方式来诠释着这首乐曲。[55]与此形成鲜明对照的，是一个刻板的空谈家或仅仅一个学徒对同一首乐曲的机械演奏，他们费力地履行着预定各种程式的每一个手法和转折变化，尽管所有的动作都做得正确无误，但是其中缺乏任何的艺术性可言。

后浪漫时代的西方使得音乐-道德的类比转入一个略为不同的方向：强调的重点放在了具有高度原创性的作曲家的角色和作用上，具有高度原创性的作曲家不但能够在旧有的各种形式内创作出新的作品，而且还能够创造出崭新的形式。浪漫的态度鼓励并欢呼表演者自由地把他本人的个性和理念施加给音乐，从而使表演成为他自我表现的媒介，而不是原来的音乐精神得到创造性地演奏的媒介。由于这种重点放在作为终极价值的个性上面，放在作为个人自我表现引擎的自由意志上面，人们便很容易把生活的中心任务视为在于这种个性最充分的实现。

在另一方面，孔子尽管给个人风格和原创性留下空间，但是，他最为强调的却是以下的事实：个人只有生活在公共关系中才能具有真正人的意义和价值。因此，按照这种观点，即使是艺术高手（virtuoso），也只有在相互分享和尊重的形式的脉络中，才能够作为**艺术高手**而出现。在表演以及具有鉴赏力的听众的参与中，那些相互分享和尊重的形式才真正得到了体现。

除了努力学习和实践的维度，以及需要学习的规范性形式的维度之外，这种生命活动还有第三个维度——为人师表的典范（teacher-model），他的生命体现着人的价值，激励着学者或那些不太勤勉的人。这种人师典范必须在两方面起作用：[56]第一，人师典范的生存方式必须有内在的吸引力，能够激起学生自发地努力参与到人师的世界之中。第二，人师典范的生存方式必须是**正当的**，这种生存方式从而为学生树立了学道的榜样。第二点必须和第一点有所区分，因为正如我们所知的——孔子也十分清楚[57]——有个别华而不实的典范确实也能够引发人们的仿效，但他们的生存方式背离了真正的人的价值（就像有一些音乐家那样，他们引导人们沉溺于感伤的或俗艳的音乐作品，而那些音乐却背离了真正的音乐价值）。

因此，与西方的典范相比，孔子有关道德发展和道德生活的典范适成对照。按照西方的典范，道德教育被认为只是接近真实事物的初步训练，也就是说，要成为一个成年人、一个真正的道德行为者，必须有理性的自由意志，这时他才能步入人生的舞台。正是在这时——“成人时代”（adulthood）——真正的人生戏剧才拉开帷幕。从此之后，这个演员在每次出场时才具有羽翼丰满的道德上的能动性，对于作出选择、判断是非和选择道德上值得赞美还是相应受到谴责等等，他才能够完全负责。

显而易见，这两种道德生活的典范形成鲜明的对照，这并不是说双方彼此相反，也不是说双方在某一种有争议的观念上持对立的观点，而是在双方根本无法紧密配合这种意义上来说的。孔子所设想的不是负责任的、理性的道德行动者作出一种不可化约的原初的选择，而是一种理想的人格典范——过着最高尚的人性的生活方式，这种人格典范对那些具有潜质的人散发出一种完全非强迫但却富于强大吸引力的力量，继而，那些具有潜质的人受到典范的鼓舞，从而能够作出一种真诚的努力，通过掌握典范的生活方式并以这种方式艺术地生活，去学习参与到那种典范的生活方式之中。

假设我们坚持把这种强调"自由意志"的西方典范应用于孔子的典范，就新手来说，关键的道德问题就可能出现在努力或不努力这一点上。道德的责任、责备或称赞，就可以按照是否真正做出依道而行的努力这一点来确定。然而，既然孔子人格典范的关键点是说个体在这个阶段还没有达到最充分的人性状态，那么，把不加限制的责任的负担施加到个体之上，或者赋予个体真正的选择的自由，就是不适当的——因为按照孔子的假设，这时的行为者还不是一个获得圆满人性的行为者。当然，在另一方面，孔子也并没有把尚未获得这样一种圆满生命的人看做仅仅是一个尚未具备道德意识的存在，并不认为这样的人缺乏作为一种道德行为者的身份。毕竟，在孔子看来，我们所有的人差不多都还只是学习者，而那种道德上令人崇敬的生活在很大程度上就是一种投身于学习（如何依道而行）的生活。

那些与西方思想合拍的人可能会认为：可是，这一切都仅仅表明孔子以一种隐默的方式（tacitly）预设了个体的自由选择，只不过对这种预设视而不见而已。因为可以肯定，对孔子来说，努力学道和行道的典范，或者不努力学道和行道的典范，**的确**且**必须**预设某种自由意志的概念以及某种理性的概念！但是，我认为，这样一种反对认为孔子没有自由意志与选择概念的意见是狭隘的。因为这样一种反对意见预设了这些概念自明的正当性。然而，关于自由意志和实践理性这两个论题，西方哲学的文献——以其数量之大、争论时间之长和持续的扩散性，以及许多高超的心智投身于此这样一种特征——向我们显示出：自由意志和实践理性这种观念**不能够**被充分一贯地来表达和描绘，这是十分可能的。由于西方人对这些概念的根深蒂固的历史偏见，西方人对这种明显的意涵视而不见。

站在客观的立场上，我们必须要问一个问题：对于某些诸如自由意志和实践理性这样基本和必要的预设性概念，难道孔子是视而不见吗？或者说，对于那些概念也许会不一贯和无法应用所提示的迹象的意义，是否西方的反对者偏见如此之深，以至于视而不见？以及是否西方的反对者不会明白一种可以信赖的人文主义能够省却这些概念呢？在此，在机智地将这场争议留待成为一个平局的情况下，也许更加可以让人接受的做法是，我们现在可以回到对于孔子的典范的探讨上，这种典范提出了一种有关人的发展和完善的三维观点，而这种观点则没有给个体的自由、理性或者还有幸福以任何哲学意义的角色。

四

至此，在试图使孔子某些特定的主要观念得以凸显的过程中，对于孔子的观点，我一直采取一种重要的简化的做法。我所进行的讨论的方式，也许会给人留下这样的印象，那就是认为两个人之间的关系是真正的人的存在的终极而不可再分的原子。这会是一个错误的印象。因为，毕竟说来，做一个父亲不仅仅是生活在与他的孩子的那种特定关系之中。在充当父亲的过程中，父亲必须要进入到同其他人而不只是孩子之间的明显的关系之中。在一个社会的群体之中，父亲必须通过为孩子提供住房和一个安全的处境来保护孩子，必须养育孩子。而为了要这样做，父亲必须有一种职业，提供一个家庭关怀的环境，必须与邻居以及更大范围的社区发生或长或短的关系，由此与无数其他人建立一个生活关系的纵横交错的网络。

对君主来说，情况也是这样——在某种意义上，甚至更是如此。在此，人们根本不难将角色的适当生活设想为仅仅两个特定人之间所环绕的关系。就这种情况的性质而言，君主更是陷入到无数的人际关系网络之中；并且，其中每一种关系都从界定君主与具体其他人之间关系的"礼"中获得其独特的形式。继而，就像父亲的角色一样，臣子具有一种主导性关系，也就是臣子忠于君主的关系；但是，这种关系导致去编织一个与其他人的更加精致的关系网络，对于其他人而言，臣子就是君主的代理人。

在此，我们最后一次能够从音乐作品的类比中获得启示。以前隐含但未强调的意义，现在则直接加以指明：通过参与到一个范围更大的复合的音型中，而不是仅仅存在于一个单纯的线性序列的音调中，每一个音符才获得其卓越的音质。在歌剧的尾声，伯爵夫人满怀柔情地表达她的宽恕，这时，从歌剧**完整的**音型中，从和声、旋律、节奏和其他音型中，以及从前奏曲到终曲中，她的开放性(不用指按的)音符方才展示出其意义。此外，在作品的故事情节、情感和象征符号内部，这个关于宽恕的音符也得到了定位。整个作品是一个活生生的脉络，这个脉络使这个个别的乐章得到了升华。

所以，当一个人遵循"道"与另一个人生活在一种特定的关系之中，由于属于一个范围更广的人际亦即公共关系模式的有机组成部分，这种关系必然有其自身的生命和更为充分的意义，在这种情况下，这个人的神圣的尊严感也就随之产生了。[58] 如果**所有的**这些关系确实真正地合乎于礼，那么，在一个由许多人组成的社群之中，这些人与人之间的关系就创造出有关完整的人类生活的丰富而和谐的乐曲。

因此，在孔子看来，在社群和个体之间，我们具有一种有机的关系。正如前文已经指出的，要说个体是"为了社群"而生活，那是不正确的，因为毕竟说来，这个社群恰恰就是指生活在该社群之中的那些人们，而并不是价值真正所在的某种超越实体。这里，我们也不会倾向于把社群作为一种满足个体欲求的纯粹功利主义的机制。正是依照人类各种规范而生活的人际关系，才建立了人类社群的实际。(正如我们可能会同样认为：歌剧并不是超越那些精彩的实际的有生命活力的乐章之上的某些东西——**那些乐章本身**就是精彩的东西；然而，另一方面，只有作为歌剧的内在有机组成部分，那些乐章才是精彩的。)

正如我在一开始就提出的，希望我现在已经表明，有关人性的这样一种公共主义的构想会避免国家、人民、民族的暴政，就像它也会避免个体自我的荣耀以及为这种自我满足而奉献生命的荣耀一样。它还再一次强调，这种理想的人类存在的观念与其他关于人性和命运的主要看法形成多么鲜明的对比：它明显地根本不同于基督教或犹太教的观点，在一些重要的方面，通常也不同于古希腊或罗马的观点。另外，和印度正教、佛教或道教相比，它也形成鲜明的对照。

尽管我们能够看到，对于当代社会学思想所熟知的思想观念，我在阐述中表示了一些重要的亲和性，但是，我们也应当看到，孔子勇敢和集中地把这个理想典范的角色——更一般地说，是人类生命的规范性维度——放在了前沿的地位。而在今天所谓的社会科学中，这两者通常都不为人所亲近，或者顶多以不同的方式被接近。显然，孔子的这种构想也分享了民主人文主义的一些特定的基本价值，尽管它避开了那种视角的个人主义和道德主义。孔子的观点体现了与计划经济和共产主义理论有关的一些睿识洞见，但是同时，对于赋予国家或一个更大的政治实体本身以首要的价值或意义来说，孔子的观点却并没有提供任何的基础。

孔子的观点决没有令人索然寡味的特色：它肯定包含着真理的巨大成分。

（原载《中国哲学》杂志第 10 卷第 4 期，1983 年 12 月，夏威夷）

注 释

① 康德曾经说，惟独人所能够赋予自己的价值“在于他做什么、如何行动和根据什么原则而行动……不是作为自然链条中的一环，而是作为他欲望官能的**自由**的一环……”（《判断力批判》，T. M. 格林编：《康德选集》，Scribners：纽约，1929，第 507～508 页。）另一方面，在斯宾诺莎看来，我们是“自然链条中的一环”，人“不可能是它自己行为自由的原因”。（《伦理学》第二部分，命题之四八）他说：“人理解一切事物是必然的，是由存在与行为的一个无限的因果链条决定的……”（同上，第五部分，命题之六）

② 亚里士多德：《尼各马可伦理学》第一篇第 7 章，1097b，21～23。

③ 这里占据篇幅引用文献有卖弄学问之嫌，因为我并不以任何排他的方式坚持这种主张，坦率地说，它也远远不是一种“不留余地的概论”（sweeping generalization）；然而，作为一种宽泛的主张，这些是当代哲学关于人性和伦理最为主要而鲜明的主题，浏览涉及有关哲学趋向的任何文献就可证实这一点。

④ 我擅自放弃用传统的拉丁文题目（Analects）来翻译《论语》，因为它没向当代英语读

者传达任何意义；我代之以一个简单的英文词——Conversations（对话录），在我看来，这个词表达了它应有的意义，既是文本的一个正确特征，又是文本的标准汉语名称《论语》的合理译法——也许在最严格的意义上可以翻译为“言论集”（collected sayings）。但“对话录”或“谈话录”有更加日常的意义，这是《论语》确实具有的特点，尤其那些一般被认做是孔子最真实的原话的篇章。这个题目也与德语、法语的译名，如 Entretiens 或 Gesprache（意即对话录或谈话录）相一致。

⑤ 尽管我认为自由和理性的概念在《论语》中没有扮演任何角色是显而易见的，但这里作些补充也许是恰当的——因为“幸福”的概念确实以这样或那样的不同形式出现——但（我坚持）这些概念作为**哲学**意义还未出现。因此，举例说，在《学而第一》第 1 章，孔子说“学而时习之，不亦说乎？有朋自远方来，不亦乐乎？”这种愉悦和快乐的概念之使用并不具有任何中心意义或哲学意义。

⑥《孔子：即凡而圣》，哈珀与罗出版公司，1972 年；“《论语》中自我的问题”，载于《东西方哲学》，总第 29 卷，第 2 期，1979 年 4 月，第 129～140 页；“《论语》的‘一贯’之道”，《美国宗教学杂志》（专刊），第 47 卷，第 35 期，1979 年 9 月，第 373～406 页；“《论语》如何描绘理想的权威及其作用模式”，《中国哲学》杂志，第 8 卷第 1 期，1981 年 3 月，第 29～49 页。

⑦《大学》第 6 章，“修身为本”（cultivation of self in the root）。

⑧《宪问第十四》第 42 章（按原文是 45 章），孔子有四次使用“修己”这个词，但都在上述文本的语境中作解释。拙文“《论语》中自我的问题”曾经探讨孔子对待“自我”（己）的一般问题，参见上注 6。在英译中，语法上有必要使用定冠词“the”，给一些使用“己”字的章（如本章）以不合逻辑的强调，从而使概念所指具体化。

⑨《颜渊第十二》第 1 章，“克己复礼”。我认为，这里的重点指向，可能不在于哲学兴趣的核心“自我”（己），而毋宁是“复归于礼”——这是一个相当重要的主题，在《论语》里再三重复出现。

⑩ 如《卫灵公第十五》第 8 章，“无求生以害仁”；《泰伯第八》第 13 章，“笃信好学，守死善道”（坚持善道直至死）；《里仁第四》第 10 章，“君子之于天下也，无适也，无莫也，义（Right）之与比。”《八佾第三》第 17 章，“尔爱其羊，我爱其礼”（我在乎的是“礼”，不只是羊的生命）。在此应该考虑许多重语词，如“忠信”，尤其在三处不同的章节使用格式化的表述，“主忠信”（使“忠”和“信”成为第一原则）。其他许多篇章也表达了同样的精神，例如《里仁第四》第 5、6、8、9 章，《雍也第六》第 5、17 章，《述而第七》第 6 章，《颜渊第十二》第 1 章，《卫灵公第十五》第 31 章。

⑪ 见上注 10。

⑫ 例如，参 E. 戈夫曼（Goffman）：《日常生活中的自我表现》，道布尔戴出版公司（Doubleday），1959 年（及其后著作）。

⑬ 例如，参 B. F. 斯金纳(Skinner)：《科学与人类行为》，麦克米兰出版公司，1953 年。

⑭ 例如，一个高尚的人(君子)不应当自我吹嘘；但是，孟之反谦逊地掩饰他的勇敢，是颇耐人寻味的。他解释他是从战场上溃退下来的败军的殿后者，坚持认为这不是由于他勇敢，而是他的马跑得慢才使他成了殿军(《雍也第六》第 13 章)。同样，泰伯三让天下给他最小的弟弟，想方设法避开世人因为这样的谦让而赞美他的德行，这里也有一些超越他的角色成分之上的某些东西(《泰伯第八》第 1 章)。孔子这些谈话的片断都是激起人们兴味的装饰，而不纯粹是正确角色演示的说明。

⑮ 茂树贝冢(Shigeki kaizuka)(《孔子》，麦克米兰，1956 年)说："因此，乍看起来，孔子所说的学习似乎是完全盲从于传统的权威……"(第 119 页)，贝冢先生当然认为这种乍看起来的表象是错误的，他主张孔子反省批评了世代传承下来的传统，然后才把这种传统传授给他的门徒。(第 119～126 页)丹尼尔・莱斯列(《孔子》，塞格尔斯：巴黎，1962 年)说："礼包含着中国人及其'道德习俗'(mores)的整个传统"(第 45 页，我的翻译)。他继续说，礼是"古代圣哲的遗产。这个传统必须原封不动被继承下来。"(第 46 页，也是我的翻译)顾立雅(《孔子与中国之道》，哈珀，1949 年)说，"从古到今，人们一般都认为，孔子孜孜以求的只是复古……"(第 143 页)。顾立雅接着反对这种观点，他没有进行任何预期的意义转换就认为"从中国先民的背景看，孔子并没有盲目地忠于传统"(第 144 页)。然后，顾立雅在同样的语境中一再使用"传统"这个词。

⑯ 任何一部标准的英文语言词典都证实了这一点；最完整的叙述，见《牛津英语词典》"传统"词条。

⑰ 这里例举的是一些不能守"礼"的例子，正和那种实际是"递传下来"的传统的思想观念形成对照：《八佾第三》第 2 章说"三家"不能守礼是(孔子)当代的例子；同篇第 6 章与第 2 章同，说季氏不守古礼；同篇第 9 章说，不能传夏、殷之古礼；同篇第 10 章，推测祭祀祖先已不再按照礼的要求进行；同篇第 18 章说，"事君尽礼，人以为谄也"；同篇第 22 章说，管仲未能遵礼。《公冶长第五》第 6 章说孔子绝望：道不行(乘桴浮于海)。《雍也第六》第 15 章说，现在无人能行道("谁能出不由户？何莫由斯道也?")。

⑱ 参见《公冶长第五》第 2、5、15、16 章；《雍也第六》第 1、5 章；《先进第十一》第 13 章。

⑲《为政第二》第 11 章，"温故而知新"；《述而第七》第 1 章，我是一个传述者，不是一个创作者("述而不作")；《述而第七》第 2 章，"学而不厌，诲人不倦"；同篇第 16 章说"需满 50 年，方可完成学习"(原文是，"加我数年，五十以学《易》，可以无大过矣")；同篇第 19 章，"我非生而知之者，好古，敏以求之也。"也参见《公冶长第五》第 27 章，"十室之邑，必有忠信如丘者焉，不如丘之好学也。"同篇第 14 章也说"敏而好学，不耻下问"；《泰伯第八》第 13 章"笃信好学"。

⑳ 即使克鲁索在他生活的荒岛上最终获得了一个同伴，那么，这比纯粹的情节发展

(plot-development)更有意义吗？即使对像笛福(Defoe)这样富有想像力的神话创作者来说，一种完全自足的生活虚构也变得越来越贫乏单薄。

㉑《学而第一》第8章，“主忠信，无友不如己者”；《子罕第九》第24章，“主忠信，毋友不如己者，过则勿惮改”；《颜渊第十二》第10章，“主忠信，徙义，崇德也”。也参见上注10。

㉒《卫灵公第十五》第23章，“有马者借人乘之”；《公冶长第五》第11章，“以其兄之子妻之”。

㉓《子路第十三》第19章，“行己有耻；使于四方，不辱君命”。

㉔ 参见如《颜渊第十二》第1章，“非礼勿视，非礼勿听，非礼勿言，非礼勿动”。

㉕《宪问第十四》第3章，“士而怀居，不足以为士矣”。

㉖《述而第七》第17章，“加我数年，五十以学《易》，可以无大过矣”(读)；同篇第31章，“子与人歌而善，必使反之，而后和之”(歌唱)；同篇第9章，“子食于有丧者之侧，未尝饱也”(进食)；《子罕第九》第15章，“不为酒困”(饮酒)；《述而第七》第26章，“子钓而不纲，弋不射宿”(狩猎、垂钓)。也参见《泰伯第八》第2章，《子罕第九》第9章。当然，也可参整个《乡党第十》篇。

㉗ 在孔子的世界中，一个人**决没有**“私人”的行为吗？——那么，举例来说，性和排泄活动是不是有私人性呢？有意义的是，在《论语》中并没有提出这类话题。可能，这类活动的隐私对我们而言非常重要，以至于我们视之为(生物意义上的)根本；也很可能，就是这类活动没有进入孔子“视野”的原因，即使它们当然是孔子生活世界不可或缺的一部分。

㉘《学而第一》第8章，“主忠信，无友不如己者。”《子罕第九》第24章；《颜渊第十二》第10章。见上注21。

㉙《为政第二》第5～8章；《里仁第四》第18、20章；《子罕第九》第15、24章；《先进第十一》第12章；《颜渊第十二》第11章。

㉚《八佾第三》第19章，臣忠于君。

㉛《八佾第三》第19章，“君使臣以礼，臣事君以忠。”《公冶长第五》第15章，君子(臣)之道，有四：“其行己也恭，其事上也敬，其养民也惠，其使民也义。”《雍也第六》第7章，君子不为篡臣所使。《述而第七》第11章，君子于财富取之有道，“富而可求也，虽执鞭之士，吾亦为之。如不可求，从吾所好。”(也见《泰伯第八》第13章，“邦有道，贫且贱焉，耻也。邦无道，富且贵焉，耻也。”《宪问第十四》第1章)。《颜渊第十二》第7章，君必须取信于民。同篇第10章，人应迁徙到仁义(right)流行之地(徙义，崇德)。《子路第十三》第5章，君必须公正(upright)，“其身正，不令而行；其身不正，虽令不从。”《卫灵公第十五》第31章，“君子忧道不忧贫。”

㉜《里仁第四》第18章说，可以和颜悦色地规劝父母，“事父母几谏。见志不从，又敬不违，劳而不怨。”《子路第十三》第28章说，对待朋友批评要恳切到位。《宪问第十四》第8章

说，对那些所爱的人和忠心的人要谆谆告诫，严格要求："爱之，能勿劳乎？忠焉，能勿诲乎？"

㉝《雍也第六》第7章；《先进第十一》第23章；《颜渊第十二》第10章；见上注31。

㉞《卫灵公十五》第8章，"志士仁人，无求生以害仁，有杀身以成仁。"杀身成仁，似乎强烈暗示这一点。

㉟ 君主当然对整个天下的福祉负责，这也是那些臣子之所以为臣子的角色所承担的责任。然而，**仅仅**对君而言，这是一个基本的责任；但对那些目前担任大臣的人来说，则是一个**有限角色**(role-limited)的责任；孔子根本没有提及这是其他人的责任。

㊱ 参见如顾立雅《孔子与中国之道》，上注15，第13页。茂树贝冢(上注15)开展讨论这个问题，宣布拒绝用"封建主义"这个词语来描述周代的特性，孔子是如此尊崇这个时代；但此后，贝冢分析的详细材料支持这里所说广义上的封建作为周代的特征。惟一的例外是，他的叙述也强调宗族的(Clan)忠诚是我们所谈论的**某种**忠诚(如极权主义忠诚)的一个重要因素。

㊲ "君君、臣臣、父父、子子"。在我们现有的文本形式中，这段话可能比那些把孔子简称为"子"而非"孔子"的章节要稍稍晚起。对于孔子时代之后不久这种思想在儒学中变得更为明显得多这个事实来说，这两者是彼此相符合的，比如孟子认为，君主的行为必须能证明他是受命于天，否则他就不再是一个真正的君主。(《孟子·万章上》第5章，万章曰："尧以天下与舜，有诸?"孟子曰："否，天子不能以天下与人"。"然则舜有天下也，孰与之?"曰："天与之。""天与之者，谆谆然命之乎?"曰："否，天不言，以行与事示之而已矣。"《孟子·梁惠王章下》第8章也有类似思想。)在《论语》里，我们清晰地看到这个观点的萌芽，真正的君主不在于他的出身地位，而是根据他的道德**品行**；他能有君主之礼，行君主之道，使君主之义，便是真正的君主。(见如《雍也第六》第1章；参见上注31，下注38和39)

㊳《雍也第六》第7章，《颜渊第十二》第10章，《先进第十二》第23章，《宪问第十四》第12章，这几章都说明君主、公侯或家臣(大夫)的资格由于其品行(不端)而受到质疑。

㊴ 参见如《雍也第六》第1、4章，这两章提出冉雍有资格胜任人君听治之位，尽管他不是生来具有这个身份。("雍也可使南面"；子谓仲弓曰："犁牛之子骍且角，虽欲勿用，山川其舍诸?")《公冶长第五》第1章，突出了孔子注重内在品质而不看重外在身份的主题；《八佾第三》第22章，一个实际不遵从礼的统治者，因而也不配有君主的身份；《颜渊第十二》第1章，强调遵礼和成仁是与他人建立典范关系的充分条件；《子路第十三》第6章，专门提出与君主有关的相似观点，其他许多章节也持有同样的精神。

㊵ 人生正确道路的重要性远在于感官满足的要求之上，这一点在《子罕第九》第17章和《卫灵公第十五》第12章，两次用基本上同样的(绝望的)语言加以强调。孔子说："吾未见好德如好色者也。"

㊶ 正如我们下文即将看到的，这不仅适用于父子关系中的父亲身份，而且适用于由此

派生的其他关系——例如，父亲与孩子母亲的关系、与老师的关系、与医生的关系等等。

㊷ 下列篇章表示了孔子对音乐的深深兴趣，以及他关于音乐能够完善我们人性的概念；如《八佾第三》第 3 章，“人而不仁，如乐何?”同篇第 20 章，“《关雎》，乐而不淫，哀而不伤。”同篇第 23 章，“子语鲁大师乐。曰：‘乐其可知也：始作，翕如也；从之，纯如也，皦如也，绎如也，以成’。”同篇第 25 章，“子谓《韶》：尽美矣，又尽善也。谓《武》：尽美矣，未尽善也。”《述而第七》第 13 章，“子在齐闻《韶》，三月不知肉味。曰：不图为乐之至于斯也!”《泰伯第八》第 8 章，“兴于《诗》。立于礼。成于乐。”同篇第 15 章，“师挚之始，《关雎》之乱，洋洋乎盈耳哉!”《先进第十一》第 25 章，“子路，曾皙、冉有、公西华侍坐……鼓瑟希、铿尔……”《宪问第十四》第 42 章，“子击磬于卫。”《阳货十七》第 11 章，“礼云礼云，玉帛云乎哉？乐云乐云，钟鼓云乎哉?”

㊸《八佾第三》第 3 章，不仁的人和音乐能有什么关系？《泰伯第八》第 8 章，音乐就是圆满和谐的境界。

㊹《雍也第六》第 16 章，“质胜文则野，文胜质则史。文质彬彬，然后君子。”也参见《学而第一》第 15 章，“‘如切如磋，如琢如磨’，其斯之谓与?”《公冶长第五》第 9 章，“宰予昼寝。子曰：朽木不可雕也，粪土之墙不可杇也。”《颜渊第十二》第 8 章，也谈到有关文质的问题。

㊺ 我的《孔子：即凡而圣》，对此有更为全面的讨论。

㊻ 参见如《为政第二》第 1 章，“为政以德，譬如北辰，居其所而众星共之。”《述而第七》第 29 章，“仁远乎哉？我欲仁，斯仁至矣。”《颜渊第十二》第 1 章，“克己复礼为仁。一日克己复礼，天下归仁焉。为仁由己，而由人乎哉?”同篇第 19 章，“君子之德风，小人之德草。草上之风，必偃。”《子路第十三》第 6 章，“其身正，不令而行。”《卫灵公第十五》第 4 章，“无为而治者，其舜也与？夫何为哉？恭己正南面而已矣。”

㊼ 关于这个主题的完整讨论，参见芬格莱特：《孔子：即凡而圣》第 1 章。

㊽ 参见《论语如何描绘理想的权威及其作用模式》，《中国哲学杂志》卷 8 第 1 期，1981 年 3 月，第 29～49 页。

㊾ 仁者的“神奇力量”(德)至少有两种十分不同的意义，我归于孔子思想的意义并不比我们在许多富有影响的伟大思想中所发现的更多。至少就孔子来说，我已经指出这两种不同的意义是彼此相容的，确实相辅相成的。

㊿ 在此，我采纳一种类似我在《自欺》(Routledge and Kegan Paul，1969 年)中使用的习惯做法。我说到“个体”时，我的意思是指他天生成人，因而有潜力学习如何**成为**完善的人，有潜力实现人的最高尚的价值，他通过学习如何行道并身体力行之。当我说到一个已经(或很大程度上)实现这种潜能的个体时，我说这个体就是一个“人”。在下文这类问题的讨论中必须有一些这样的术语，为的是保持主题的鲜明性。

(51) 例如，在《述而第七》第 8、16 章，《泰伯第八》第 17 章，《子罕第九》第 18 章等篇章中都强调需要努力学习。也见上注 19。努力的目标就是学习如何按照礼的规定，或更宽泛地说，如何依照道来生活(像我们以前所见的)，其中包括学习一般性的“文化”，尤其学习《诗》(见《为政第二》第 2 章，“诗三百，一言以蔽之，曰‘思无邪’。”)，最主要学习乐(music)。(见上注 42，特别是《泰伯第八》第 8 章，“兴于诗，立于礼，成于乐。”)

52 关于这一点，有启发性的章节如《里仁第四》第 6 章，“我未见好仁者、恶不仁者。好仁者，无以尚之；恶不仁者，其为仁矣，不使不仁者加乎其身。有能一日用其力于仁矣乎？我未见力不足者。盖有之矣，我未之见也。”这里，孔子说话的口气是近乎放弃的责备的腔调。他不曾看到任何充分喜好和关心“仁”的人，也未曾见过十分厌恶不仁的人，未见过哪怕是一天尽其所能而努力求“仁”的人。孔子作出结论说，这**不是**由于**力量的**缺乏。但是，有意思的是，孔子没有从“自由意志”和选择的角度来对这个问题作出任何进一步的诊断。一个人是仅仅关心“仁”，还是关心仁不够？或者，用另一种比喻来说，遇事马虎的人并不缺乏力量，而不过是画地为牢罢了。(见《雍也第六》第 10 章，“冉求曰：非不说子之道，力不足也。子曰：力不足者，中道而废。今女画。”)(也见同篇第 5 章；拙著《孔子：即凡而圣》第 2 章也有讨论。)

53《里仁第四》第 6 章(不关心，不尽力)；《雍也第六》第 5 章(关心不够)；同篇第 10 章(放弃太快)；《述而第七》第 2、3、7、8 章(渴望学习)；《公冶长第五》第 9 章(坏的材料——“朽木不可雕也”)；《八佾第三》第 22 章(缺乏学习——“不知礼”)；《泰伯第八》第 2 章(缺乏学习礼——“无礼”)；《子罕第九》第 13 章、《颜渊第十二》第 1 章、《子路第十三》第 12 章(典范人物的影响)。

54 批评的成分在《子罕第九》第 3 章中最为明显，但是，还有其他若干章节(见上注 32)，在这些章节中，孔子告诫门徒说，在他们的忠诚中要有**批评性**，而不能只是一味盲从。在《雍也第六》第 13 章关于孟之反的轶事则明显需要出乎自然的想像力(spontaneous imaginativeness)，(“孟之反不伐，奔而殿。将入门，策其马，曰：非敢后也，马不进也。”)在《子路第十三》第 5 章这段谈话中，也说到需要把自己的所学能应用到特定的情境，敏于应对。(“诵《诗》三百，授之以政，不达；使于四方，不能专对：虽多，亦奚以为？”)然后还有许多章节谈到，娴熟于“礼”的一些形式——如举止端庄、威严、充满自信、勇气与他们无礼的、笨拙的或不文明的对应物如傲慢或粗野卤莽等相对照。参见，如《述而第七》第 36 章，“君子坦荡荡，小人长戚戚”。同篇第 37 章，“子温而厉，威而不猛，恭而安。”《泰伯第八》第 1、2 章，“恭而无礼则劳，慎而无礼则葸，勇而无礼则乱，直而无礼则绞。”《子路第十三》第 26 章，“君子泰而不骄，小人骄而不泰。”《卫灵公第十五》第 21 章，“君子矜而不争，群而不党。”当然，《为政第二》第 4 章是提出从容中道理想的一个经典文本(“七十而从心所欲，不逾矩”)；《八佾第三》第 23 章，在音乐的语境中，也是自然而优雅的理想的一个经典文本。(“子语鲁大师乐。曰：‘乐其可知也：始作，翕如也；从之，纯如也，皦如也，绎如也，以成。’”)

㊺《八佾第三》第 23 章，见上注 54；《泰伯第八》第 15 章，“师挚之始，《关雎》之乱，洋洋乎盈耳哉！”

㊻ 在“《论语》如何描绘理想的权威及其作用模式”一文中，我曾经详细地处理过这个问题，参见《中国哲学杂志》第 8 卷，第 1 期，1981 年 3 月，第 29～49 页。

㊼《八佾第三》第 26 章，“居上不宽，为礼不敬，临丧不哀，吾何以观之哉？”《公冶长第五》第 4 章；《颜渊第十二》第 20 章；《子路第十三》第 24 章；《宪问第十四》第 5、17、25 章；《卫灵公第十五章》第 26、27 章。

㊽ 参见如《公冶长第五》第 3 章，我在《孔子：即凡而圣》第 5 章对此作过详尽的阐释。

《论语》中自我的问题

这次专题系列论文的总题目是“自我问题”，而我的具体题目则是“《论语》中的自我问题”。当然，“自我的问题”是一个可以包含各种内涵的词组。这个词组可能暗指有关自我概念的逻辑分析，或者有关自我的心理学理论，或者自我这个概念可能会是的东西的道德或宗教规定。“自我问题”也许还意味着探索人性的一些特别重要的因素——灵魂(soul)，或者(在表象之下的)“真正的”或“真实的”自我。“自我问题”可能不是指一个知性的问题，而是指人的一项任务，即实现人的“真正自我”，从而使其达到完善境界的任务。或者相反，“自我问题”也可能指失去自我或放弃自我的任务，因而从一种自我的幻象即我们最深沉的痛苦的渊薮中解放出来。

我上面提到的只是几种可能性，对它们仅仅作了粗略的描述。即使如此，人们也不难看出，我所提及的有关“自我”的不同“问题”并不是毫无关联的。理解了其中一个问题，也许就可以更好地理解其他的问题。然而，在我这里的论述中，我本人将特别关注我以上所提到的最后那个“自我问题”，即变成(无私)无我(selfless)的任务。我尤其关注和《论语》相联系的这方面的自我问题。[①]不过，尽管《论语》是我(讨论问题)的焦点所在，但我所打算进行讨论的更大的脉络，却是亚洲思想在其某些主要变项之中的自我问题。

对于像“亚洲思想”这样一种世界性的概念，如果我可以冒过于笼统的危险的话，那么可以说，亚洲思想虽不全然但非常广泛地充满着这样一种思想学说：个体的自我或私我(ego)是妄想和痛苦、挫折和束缚的根源与渊薮。我们的伟大任务就是解放这种自我。各种具体的思想学说虽然有所差别，不过它们使用的特定词语都是十分近似的。对这些特定的词语而言，不管它们终极的意义是什么，但至少在表面上都主要采用了否定的和被动的形式，诸如："非此非彼"(neti-neti)[2]，"空"(emptiness)[3]，"非我或无我"(non-ego)[4]，"无为"(nonaction)。[5]就像我们所知道的那样，在印度的、佛教的以及道教的正统文献当中，充满着有关个体自我的语言。

然而，似乎有一个重大例外，这个重大例外的思想来源便是孔子。孔子好像是一位肯定论者。他的语言和意象一般都是积极的、肯定的、健动的。我们要去读《论语》，就不可避免地会觉察到：对孔子来说，他有一种关怀是多么的重要，这种关怀就是：我们每个人都要奉献自己最旺盛的精力和无条件的忠诚，为的是使我们自己成为一个真正的人。[6]我们必须广泛地培养发展我们的学习和技能，培养得体的行为举止[7]，形成恰当的(处世)态度和动机[8]，力求始终根据正确的原则来行为。[9]如果一个人要成为一个真正高尚的人、一个君子，努力、忠诚、决心、毅力、勤奋[10]，这些都是关键的必要品质。可以说，对孔子而言，那个伟大的任务就是"修身"或者说自我修养(self-cultivation)，而不是自我迷失(self-loss)，其间有一种合理的意义。

诚然，《论语》中明确使用了"修己"(cultivate oneself)这个词组。虽然《论语》中以一种程式化的表达方式重复了三次"修己"[11]，但在《论语》中，我们发现只有一章中是如此使用的。修身或自我修养的概念在后世儒家思想中确实成为一个关键信条、一个富有重要意义的专门词语。较早以及较为重要的一个例子是《大学》，它告诉我们"自我修养是根本"，即所谓"修身为本"。[12]但是，在此我所感兴趣的是《论语》，是这个词语在《论语》中的意义，而不是后世儒家思想中这个词语所呈现的意义。其实，在"修己"这个词语所出现的《论语》的这一章里，"修己"的"修"字似乎并不是真正地要让"自我"成为对象，而是具有一种更为具体的目标，诸如"安人的能力"。韦利的翻译提示了这一点："修养自我，使他人得到安乐"(修己以安人)。[13]此外，仅仅在一章中出现这种程式化的表达，这个事实充分证明，我们在此不必处理一种自觉、一种具有自命不凡意义的明晰观念、一种孔子本人将其自己的思想集中于此的观念。孔子本人明确教导我们所要珍视和所要修养的，是某些**具体的**品质、目的、原则和技能。

正是**诠释者**而非孔子本人，通过将“自我”聚焦为一种贯穿性或基本的主题，用“修身”观念将其统括起来，从而禁不住把这些思想学说一般化。但是，从各个个体的集合中加以一般化，或者将这些个体的集合加以特征化，使之成为一个整体，当然有不止一种方法。那么，孔子本人是否会通过把既经圆满修养了的自我作为他的中心概念，从而将他自己的学说一般化或者加以总结呢？当然，事实上孔子并没有这样做。为什么不这样做呢？孔子肯定不会厌恶高度概括性的概念，因为他显然使用了许多一般性的概念作为其思想的中心概念。但是，为什么“修身”没有构成其中心概念之一呢？我的回答是，孔子之所以没有这样的言论，是因为他并没有这样的意思。然而，凡是读过《论语》的人，不可能不留下这样的印象：对孔子来说，个体使自己成为所应当成为的人，并且作为一个仁人和君子那样来生活，其中，显然有某些东西在一种建设性的意义上至关重要。这难道不就是自我修养吗？因此，在这里，我们遇到了一个难题。

如果转向更大的亚洲思想的脉络，我们可以看到，还有另一种看待我想提出的问题的方式。一般我们都会同意，孔子所教导的是一种无私的、非自我中心（unegoistic）的生活方式，就像他的主要弟子和追随者们所认为的那样。那么，《论语》中呈现的孔子，他的语调和语言，为何会引起一种印象，这种印象与非此非彼、空、无我以及类似的观念和意象（容易使人联想到自我否定和被动性、渗透着亚洲主要的非儒家学派思想）所产生的直接印象形成十分强烈的对比呢？孔子是否真的具有一种与亚洲其他思想一致的那种赞成无我的思想呢？如果有的话，那么，确切地说，这种一致性到什么程度？在哪一方面？差异的思想又在哪一方面？我想追索求解的，正是这种一致性和差异性。

对于这些相互关系——儒家学派彼此之间，以及儒家和道教、佛教这样的其他学派的比较，已经开展了许多讨论。这些比较往往都是在各种术语和明显更大范围的学说框架内来进行的，而那些学说是在被比较的各种文本中被发现的，并且，所涉及的那些术语也因而是蕴藏在那些文本的传统之中的。然而，最近的研究在不同的方式和程度上更加独立地得到了发展。在此，我建议试用一种更加不同于以前的研究取径，以便界定孔子对自我及其角色从根本上加以肯定的那些方面，并且，在这些方面之中，孔子所教导的是一种完全无私的思想。我认为，要试用这种方法，必须特别考察《论语》中意欲或意志（will）的角色，从而显示：在孔子的习惯用语中，意欲或意志的不同维度究竟是怎样的，我们又如何依据我们视为立足点的这种维度，获得对个体自我及其重大意义的一种不同看法。

通过较详细地考察《论语》中似乎明确地指涉自我和意欲而频繁使用的四个术语："己"、"身"、"欲"、"志"，我将为我本人的论点奠定基础。当然，还有一些这些术语不曾出现的章节，但是，这些章节的意义，却预设了这样的观念。然而，为了简明扼要，也为了避免尚未成熟的诠释，我会把我的分析限定在这些被频频使用的术语的实际运用上。

在《论语》中，我们用英文可以恰当地翻译成"自我"指称的术语有："身"和"己"。"身"用了大约 17 次[14]；"己"则用了大约 25 次。[15] 当"自"这一用语被用来意指"自我"时，它比"己"和"身"用得少得多，[16] 并且，"自"在"自我"这个意义上的使用，与我们考察"己"和"身"所将获得的启发和教益相比，并没有多么重大的不同。因此，我不打算进一步讨论"自"这个概念。

当"己"被用做自我指称的一个词语时，常常具有强调的意义。这种强调意义的指称可能把自我当做**主体**："己欲立而立人……"[17] 这个指称也有可能把自我视做客体或者对象，如"不患人之不**己**知"。[18] 或者还可能把自我当做对自身起作用的**行为者**（agent），如所谓"行己也恭"、"修己以敬"。[19] 这里具有某种反省的性质——人们都以一种不自觉的方式在自我观察和自我调节，而非纯粹的存在，纯粹的行动。这就是"我正在打开门"和"**我**亲自打开门"之间的差别。也就是说，像"吾"和"我"这样更为普通的人称代词，能辨认出我是主体还是对自身起作用者，或所有者，或对象；但是，它之所以能够做到这一点，是以一种非强调的方式，一种不自觉、非反省的方式。[20]

“己”反复被强调性地用做他人（古汉语“人”字）的对立面。这表明自我、“己”在利益上或目标上和**他人的**利益或许有所冲突，或者在某种程度上有所对立。[21]然而，同样明显的是，它也表示自我的利益**应当**在理想上与他人的利益相谐调，或者甚至多半会迁就他人。最后，这种情况也还表明，如果对他人持应有的尊重态度，那么，在某种关键的意义上来说，自我、“己”恰恰是这种尊重的来源。[22]

现在，让我们来看看“身”字，尽管还不能不考虑到“己”。在《论语》中，我们可以发现“身”有下列主要用法。这种用法似乎体现在把自我更加作为客观现象的指称，而多于作为主体的指称。这种用法是与“身”意指“身体”的用法是一致的。曾子说：“吾日三省吾身（我的自我）：为人谋而不忠乎？与朋友交而不信乎？传不习乎？”[23]这再次说明，人的自我省察能力是显而易见的。人不应当允许不仁者影响他的自我（“不使不仁者加乎其身”）。[24]也不应当允许他的自我受到辱没（“不辱其身”）。[25]“身”还用来指自我调节（self-regulation）、自我控制（self-government）——“正确地控制自我”（正其身）。[26]一个人的“身”可以代表他的“生命”，也就是说，一个人的自我是被看成具有时空广延性的有限的存在。因此，在这种意义上说，一个人能够“热爱”他的生命，也能够“舍弃”他的生命。[27]在此，“他的生命”就是他作为个体存在自我本然的全部潜能。或者，我们可以说，“我的整个生命”（终身），意味着“我作为一个人存在的整个一生”。[28]仁者（the truly human person）甚至会牺牲自我（身），为的是使真正人性的东西（仁）得以完全实现（“杀身成仁”）。[29]

于是，“身”比我们从“己”所了解的东西增添了一点内容；它也显得肯定得更多。这里主要增加的东西便是：我们在这里获得一种明确的有关自我的观念，这种自我观念是和身体以及时间性的（temporal）存在联系在一起的。除此之外，我们还有一种用法，在这种用法中，像“己”那样明确的东西，是自我所具有的自我省察和自我调节的能力。

关于《论语》中“意欲或意志”的概念，我尤为集中地注意两个术语：“志”和“欲”。由于“欲”既较少趣味，又更容易讨论，因此，我首先来考察它。

“欲”翻译成英文为“wish”或“desire”。它在《论语》里使用得十分频繁[30]——大约40次，似乎充当表示人的倾向或偏爱的最普通、最一般的词语，在英语里，它可以用“wish”、“want”和“desire”这样一些单词来翻译。尽管“欲”字能显现具体的细微差异和涵义，但正如在《论语》中所使用的那样，关于我们的欲到底是指身体的欲望，还是精神的需求，抑或社会的抱负，“欲”这个字本身无需传达某种特殊的含义。它也不必意味着任何具体的有关强度、来源或目标之类的东西。在有关意志或欲求的种类、性质或强度方面，它可能是一种中性的(neutral)词语。[31]

“欲”只是使人献身于那种也许不言而喻——因而也是基本的——可能与个人的概念有关的任何事情。在特定的意义上来说，人们可以被构想成要求这或要求那的存在；而每一种实际的要求都可归于一些作为主体提练的个人。

“志”字则稍微显示了更为有趣的信息。在《论语》中，“志”字用了大约17次[32]，“志”常常被特意翻译为“意志”(will)。[33]翻译者所用的其他英文单词或词组还有：“bent”[34]，“wish”[35]，“set on”[36]，“determined”[37]，“aim”。[38]很明显，从语境上来看，“志”的意义的确存在于这样一些英文词语的范围之中，也许还有其他合适的词语，诸如，“purpose”、“intention”[39]，“resolve”。[40]然而，“欲”的强度和持久性可能不完全明确化，而“志”似乎总是被用在强烈而坚韧的目的构成问题的那些语境中。[41]就像“欲”是个人的欲一样，“志”也总是一个特定的人的志。事实上，“志”和特定的人是分不开的——“匹夫不可夺志”。[42]至于“志”的行为范围、“志”的根据或理由，或者“志”的具体目标，“志”则像“欲”一样，似乎也是不明确的。

“志”和行(为)有密切关系。“志”能够促动和指导行为[43]，然而，“志”本身并不就是行为。其本身甚至能和公开的行为形成对照。例如，孔子即把“志”与行为相对照[44]，他说，“隐居以求其志，行义以达其道。”[45]

对于这一点上，我感到应当补充说明的是：关于意志结构的详细内容,或者内在于个体的对于意志的控制过程,孔子的用法并没有明确展示任何有关形上学或心理学性质的学说。例如,没有任何具体化的意志官能,也没有任何内在的机制或各种心理力量的平衡,不存在一个内在的剧场,其中上演着内在的戏剧,也不存在由统治者和被统治者所组成的内在社群。孔子缺乏对于一种"内在心理生活"进行详细阐释的学说,这种特征与我在其他文章中所进行的论证是相一贯的。[46]然而,我在此特别提到这一点,是要强调这样一种看法:在集中考察孔子有关"志"(willing)和"欲"(wanting)的使用时,我并不是在提出任何特别的有关"意志"的哲学或心理学的学说。我的着眼点只不过在于:孔子确实常常明确地用"志"和"欲"来描述人的特征。当放到《论语》的语境中来加以考虑时,孔子的这种习惯用语是有其内在一贯性的,也容易使人们对孔子关于人性——无论是现实的还是理想的——看法得出某种一般性的结论。

那么,就让我总结一下我针对这一点所得出的结论,然后再对其内涵进行展开。

我们从《论语》中获得的自我概念,是一个自我省察和自我调节的个体;是一个和他人截然有别的自我;是一个带有利益的自我,那些利益也许在实际上和他人的利益有所冲突,而在理想上又应当和别人的利益相互谐调,甚或迁就他人的利益。从这样一种自我中,产生出一种有指向的动力(dynamism)——欲(求)、志(向)。在特征上,这种动力调节自我的取向和自我的实际行为。这种中间性质的动力也许有不同程度的强度和持久力,有各种各样的方向,也许在不同的场合产生,所有这些变化都是偶然的或随机性的。但是,有一件必然的事情是,无论如何,这种动力都是由自我所产生和控制的;它的所在或基点就是那个特定的自我,这个自我不同于其他所有的自我。

总而言之,这个自我的特征是有意志的。对于西方人的心灵来说,这种观点也许并没有什么新颖和令人惊奇之处,但是对于我们的探索来说,却的确具有某些重要的意义。其重要性在于:在对自我的这种特征描述的基础上,我们能够看到一些十分特别的方面,就这些方面而言，关于个人意志及其所表达的自我的角色，孔子是持肯定而非否定态度的。具体地说，孔子诉诸于我们自身，以便激励我们的意志——意志是只有当我们作为个体时才能表现的某些东西——使之作为实现理想生活的一种基本手段。正如我们所知道的，他一再有力地强调，我们应当使自己有笃信好学的精神和坚定不移的求道信念[47]；也就是说，把这种精神和信念具体化，我们应当做到善于学习和守礼[48]，丝毫不放松对于“仁”的追求[49]，并把“忠”和“恕”的原则贯彻到我们的日常行为之中[50]——这一切总括起来说就是，立志要做一个君子，并始终保持着君子的德行。正如顾立雅曾经说过的：“孔子希冀于他的追随者的，就是这种竭力求道的意志和热诚。”[51]

如今，当在对激活意志、调节其强度和持久力，以及选择其方向进行控制时，既然一切都取决于由自我所独特而明确控制的力量的使用，那么，在实现理想生活的过程中，正是自我的意志和热诚，必须受到倚重，并不间断地扮演着一个关键的角色。正如我一开始提及的，孔子是伟大的肯定论者，他肯定自我是一个能实现自己意志的个体自我。他关于人性的概念，无论是真实的还是理想的，正是植根于这种肯定之中。

我打算来表达这一点的另外一种方式，就刚刚提到的肯定方面来说，是要说我们的意志本质上是一种**个人的**意志。我这样说的意思是，在这些方面，一种特定的意志概念必然指涉着一个特定的人。我的意思是说，意志只能通过确定个体自我代表谁的意志来加以指认和描绘。那么，在这种意义上，**个人的**是指什么，对我来说，它就必然把我指称为我就是那个独特的个体。意志，就其所在的基点和产生的源泉，以及对其唤起、强度与方向的控制，从而其力量反过来又控制行为来说，都是个人所为。这样表达问题使我们更为具体地整合了孔子对自我持“肯定”的态度这个说法所隐含的意义。孔子坚持认为，就意志是个人所固有的而言，我们就是要肯定那个意志，实现它，维护它——在这样做的时候，当然，也要肯定、维护我们作为个体的、独特的自我。

在这种语境中，我们现在可以更加确切地界定那些否定的方面，在这些方面中，孔子教导我们必须**不要**执着于自我，并且一定**不要**强迫我们的个人意志，所谓“毋意，毋必，毋固，毋我”，在孔子所教导的思想中，这一点对于他的道来说是至关重要的。通过回想孔子极力拒绝某类动机和目标，我们能够看到这一点。孔子告诉我们：我们应当摈弃对于个人利益[52]、个人名声[53]、或者个人官能满足的追求。[54]当然，这并不是说，名声、财富、荣誉，或者甚至感官快乐在本质上有什么不好——**如果**这样的东西是一种意志为实现自身而追求道所产生的副产品的话。然而，粗食蔽衣，淡泊名利，有志于道，要甚于哪怕片刻离开道。[55]

这样一种各种动机的对比，引起我们注意到意志的维度，这一维度可能是个人的，但并非必然和明确是**个人的**。它使我们回想起：就其产生的源泉，其唤起、强度和方向的控制以及其力量反过来又控制行为而言，我的意志在本质上是个人的。因为就所有这些方面来说，**我的**意志只有通过认同我是作为我本人，才能够得到指认和描述。

然而，有志于某种特定行为的**根据**(ground)，与这些内在的意志过程的任何一种是有所区别的，它不必是个人的。诚然，我且只有我能够有志于实现**我的**意志，但是，也许那些我所有志于实现的**东西**正是礼、仁、忠、恕，或义所要求的[56]，或者最为一般地说，是由道所要求实现的，并且，我有志于此的理由恰恰在于：这**正是**道所要求的。

就这种情形下的我的意志的根据而言，我的意志**并不**是个人的。因为不论是道还是道的附属方面，都没有受到我的特别限定。例如，“礼”可以用具有某种身份和角色的人——君、父、臣、子、友[57]——的行为准则来表达，他们发现自己处于某种社会情境中，并且不得不和其他人打交道，而这些人又是根据他们自己的身份和角色来加以确认的。“道”则说：处在我目前位置上的**任何**人都应当如此这般认为——我的专名并不是“道”或“礼”所固有的一部分。在“道”的一切方面，都具有一种内在的普遍性，而缺乏对于一种特定个体的根本指涉。我的个人的存在是偶然性的，但“道”却并非如此。“道”不仅不依赖于这样的所指就可以让人明白理解，而且，它的道德的权威也肯定不取决于把我指称为我所是的那种独一无二的存在。因此，尽管我求道的意志，在其活力的初始基点及其唤起、强度、方向和持久力的控制等等方面是个人的，但是，就我为我的意志选择和调整方向所依靠的**根据**而言，以及就我选择精力充沛地和全心全意地保持这种意志所依靠的根据来说，这种根据——道——绝不是一种仅仅指称我个人的根据。

自我中心者(egoists)就是那些将其意志植根于自身的个人存在之中来作为根据的人。自我中心者想要得到名声或者财富——在此，财富或者名声一定是这个人的**惟一的**、独一无二的所求，否则，它就不会成为自我中心者意志的一个充足的根据。因此，要考察一个自我中心者的意志根据，就必然要考察这个自我或私我(ego)；而要考察一个君子的意志根据，所要考察的就不是这个人，而是其所行的道。如果有人想深入地理解一个自我中心者的意志的内容，那么，他就务必要理解这个特定的人，他的动机、渴望和希望，以及其他有助于弄明白这个人行为的个人资料。然而，一个人越是深入地探寻君子的意志，那么，君子的个人维度就越是显现为纯粹的形式——个体是君子的意志所寄居的有着独特时空的身体场所；它是君子的意志所控制的对象，但是，为什么要行使这种控制，或者尤其是，在什么特别的方向上行使这种控制，则是无足轻重的。要去理解君子意志的内容，就是要去理解道，而不是去理解那作为一个特定的个人的君子。私我表现于自我中心者的意志之中，而道则表现于君子的意志之中。

自我中心者的意志会将私我**系缚**、**执着于**各种事情之上。而君子的意志则不会系缚、执着于任何事情，但是，君子的意志却使君子之道得以体现或实现。我之所以说君子的意志不**系缚**、**执着于**任何事情，是因为我旨在强调君子之德的特有的力量[58]，也就是道的特有的力量，其本身并**不是意志的**力量。意志的目标指向着礼，指向着成仁。这意味着：君子凭借对其个人意志本身的肯定，并无意于别人对他有所回应。人们应当尽其本分的理由，是因为这正是人类事务的礼之所在，并且，从理想上说，所有人都是出于他们自己**的**意志来参与礼仪的活动，但却是以彼此相关的自发和谐的方式来参与的。相比之下，自我中心者意在**他的**意志应当起主导的作用：**他**曾经愿望如此这般的事实，成为**我的**行为的决定性的理由。因此，自我中心者往往命令我或控制我如何行动，而君子则不这样。君子以“谦让”(yielding)成就他人或实现自我——他让他的意志服从于道，从来不把自己的意志强加于他人；正如孔子所告诉我们的那样，君子从不发号施令。[59]

正是出于这种全然排除把个人意志强加于他人的思想，才产生了充满在《论语》中而使其卓然有别的特殊氛围——一种理想社群的氛围，在这种氛围中，没有强迫或把某种个人的意志强加于他人的东西。事实上，从意志根据的立场来看，无论是通过物理的或心理的办法，还是借助于法律的或政治的手段，个人意志强加于人根本没有立足之地。相反，一切人都应当在一种由道创造的互相尊重的和谐的氛围中自愿合作。

因此，在理想上说，由于君子的意志是促使"道"发挥作用并能够实现的媒介，所以君子的"**我**"，作为纯净的人格，似乎已变得晶莹剔透。这个我，就是一种没有个(私)人内容的意志生发的时空基点。这样看待问题，使人想起老子所说的至理名言：例如，圣人无其心[60]，圣人后其身[61]，圣人不争[62]，圣人不为人知[63]，圣人大智若愚[64]，圣人只是乘道而行[65]等等。通过回想《薄伽梵歌》中的学说，还可以得到看待这种有关君子的观点的另一种视角，那种学说的大意是说，我并不是有为者[66]；克里斯那(Krishna)或梵天才是万有的真实根据。[67]在某种重要意义上来说，立足于道的君子的意志是一种不关心——**在个人的意义上**不关心——"行为之果"(业果)的意志[68]。在君子有所作为的地方，是君子所独有的具有时空属性的意志的力量在有所作为，而他本人却并不是那些作为的**根据**。[69]这难道不是"通过有为来达到无为"吗？[70]并且，在结果与意志没有**个人的**关联的地方，对于那个人来说，业力(karman)难道还有意义吗？然而，从文化的角度看，这里所讨论的观念更加带有普遍性——因为这是一种虽然不太富有想像力，但在某一方面说来是更加确切的表达方式，它表达的是这样一个诗句的精神："Not my will, but Thine be done"(意译是：不是我的意志在行动，而是你的意志根据道而行)。

我要指出，存在着一个重要的层面，在这个层面上，独特的个性或人格能够而且必定发挥了它的作用，通过指出这一点，现在我必须以此来证明我的系统表述。孔子热爱音乐，并且在各种形式的修身的层级中赋予音乐以很高的地位。[71]为了扼要地把握我上面几句话的意旨，我还是一如既往地借用音乐表演的意象来对此来加以说明。

我们可以试想，一位技艺高超的小提琴手现场演出巴赫的恰空舞曲(Bach Chaconne)，或者想一想《论语》中师挚这位鲁国掌管礼乐的太师演奏《关雎》之乐。[72]在他们的演奏中占主导地位的——尤其当这是一场艺术的表演而不纯粹是一种沽名钓誉的藉口时——是巴赫创作的音乐概念和《关雎》的诗乐概念。正是这种音乐的概念、与道相应的音乐的概念，才超越了个体的意志，并构成了每一个理想的演奏者意志的根据。这种本质性的概念被**谱写**进了乐谱之中，或者被谱写进了《诗经》中。但是，音乐概念本身，是在声音或者声音中的语言(word-in-sound)结构的发展中随着时间的展开而得到体现和实现的。就理想的状态而言，演奏者所意欲的行为是一种媒介，**通过**这种媒介，音乐的概念得以体现并且成为现实。

但是，我们知道，在音乐表演中，也存在着一些合理的个人的因素，这些方面是不可以化约而具有其价值的。如果没有全心全意和坚定不移的勤勉意志适当遵循一定的规则，那么，就**不会有**任何表演，或者它完全演不成曲。除此之外，演奏者个人的风格、气质和诠释等因素，都体现在恰空舞曲之中并通过它而熠熠生辉。孔子之所以特别称赞师挚演奏《关雎》，也正是因为他的演奏辉煌灿烂，优美动听。然而，尽管风格和诠释也许对演奏者来说是独特的，也就是个人的，但基本的问题仍然是，真正的艺术家的风格还是要服务于作品；个人的诠释是出自于作品自身**的**一种真正的诠释。风格和诠释必定不能支配、模糊或者歪曲恰空舞曲或《关雎》之乐的概念。孔子说：尽管古代的乐师被赋予了一定的(创作)自由，但音调仍然是和谐的、明亮的，络绎不绝，以致曲终。[73]

独特的人格或个性之所以有某种作用，那是因为：不仅任何概念，即便是道的概念——音乐的概念，都不能毫不含糊地解决有待实现的那种具体实在的**每一个**方面。任何概念都不能够囊括现实的完整内容。因此，人们不能否定演奏者——那个使音乐概念变成**现实**的人——具有创造一种比任何概念更加丰富和强烈的现实的职责，从而在某些重要的方面使音乐必然富有个人的特色和魅力——即使这种个人的特色只是服务于那种主导性的和普遍性的非个人概念并使之升华。

探究孔子的这种概念以何种方式明显地不同于亚洲其他思想流派所特有的无我(selflessness)的概念,将会是颇有启发性的。显而易见,它们在重要性上具有一些差别。但是,如果我们对孔子的思想学说进行深入研究,尤其是集中考察作为意志根据的道以及以此为根据的涵义,那么,我们就会清楚地看到一个基本的方面,就此方面来说,孔子也分享着那种泛亚洲的无我理想,对于拯救世人、超凡入圣来说,这种理想至关重要。

(原载《东西方哲学》第29卷,第2期,1979年4月,夏威夷)

注 释

① 除非有另外的提示,这里面所有的参考引文都出自《论语》,给出篇目章节而不作进一步的说明。

② 例如,参见《大林间奥义书》(Brhadāranyaka Upanisad)第二分第三婆罗门第6节,"此神我之相,如黄衣、如白羊毛、如赤甲虫、如火焰、如白莲华,如电光突闪……于是立义曰'非此非彼'也。"第三分第九婆罗门第26节,"彼自我者,非此也非彼也。非可摄持,非所摄故也;非可毁灭,非能被毁故也。"第四分第二婆罗门第4节,"彼性灵者,非此也,非彼也。"(原注无文,据徐梵澄译《五十奥义书》补,中国社会科学出版社,1984年——译者)又参见跋多罗衍那(Bādarāyana)《吠檀多经》第三分第二章第22节。

③ 有关中国佛教"空"的教义,可以参考陈荣捷:《中国哲学资料》(纽约:普林斯顿大学出版社,1963年),第22~26章。印度佛教的例子,可参看爱德华·康恩兹(conze):《历代佛教文献》(纽约:哲学文库,1954年),尤其参见选集第149~156页。《心经》是说明"空"概念的般若部经典。(参见:《佛教智慧丛书》,爱德华·康恩兹译,伦敦:G. Allen and Unwin,1958年)

④ "无我"(anatta)论是佛教众多教义的特征。参见如《楞伽经》(Lankāvatāra sūtra),铃木大拙译(伦敦:Routledge and Kegan Paul,1932年),见第44~45页;《金刚经》,收在《佛教智慧丛书》,上注2。小乘经典"无我"思想的例子,参见选集66,《历代佛教文献》,上注2。

⑤ "无为"说出现在中国早期思想中,是《道德经》和《庄子》的一个中心观念。"有为中无为"(inaction in action)的观念在印度杰出经典《薄伽梵歌》(Bhagavadgitā)中扮演了关键

角色。

⑥ 例如：《学而第一》第 1 章，“学而时习之，不亦说乎？”《雍也第六》第 25 章，“君子博学于文，约之以礼，亦可以弗畔矣夫！”《述而第七》第 8 章，“不愤不启，不悱不发。举一隅不以三隅反，则不复也。”同篇第 19 章，“我非生而知之者，好古，敏以求之者也。”同篇第 33 章，“若圣与仁，则吾岂敢？抑为之不厌，诲人不倦，则可谓云尔已矣。”

⑦ 例如，《述而第七》第 36 章，“君子坦荡荡，小人长戚戚。”《子路第十三》第 26 章，“君子泰而不骄，小人骄而不泰。”《卫灵公第十五》第 21 章，“君子求诸己，小人求诸人。”

⑧ 例如，《为政第二》第 10 章，“视其所以，观其所由，察其所安。”同篇第 14 章，“君子周而不比，小人比而不周。”《雍也第六》第 3 章，“不迁怒，不贰过。”《泰伯第八》第 2 章，“恭而无礼则劳，慎而无礼则葸，勇而无礼则乱，直而无礼则绞。君子笃于亲，则民兴于仁；故旧不遗，则民不偷。”

⑨ 例如，《里仁第四》第 5 章，“富与贵，是人之所欲也。不以其道得之，不处也。贫与贱，是人之所恶也。不以其道得之，不去也。君子去仁，恶乎成名？君子无终食之间违仁，造次必于是，颠沛必于是。”又参见同篇第 6、10 章；《颜渊第十二》第 4 章，《宪问第十四》第 1 章，《卫灵公第十五》第 7 章。

⑩ 例如，《里仁第四》第 16 章，“君子喻于义，小人喻于利。”《述而第七》第 8 章，见上注 6。《泰伯第八》第 13 章，“笃信好学，守死善道。”《卫灵公第十五》第 23 章，“子贡问曰：有一言而可以终身行之者乎？子曰：其恕乎！己所不欲，勿施于人。”

⑪《宪问第十四》第 45 章，“子路问君子。子曰：修己以敬。曰：如斯而已乎？曰：修己以安人。曰：如斯而已乎？曰：修己以安百姓。……”

⑫《大学》第 6 章，“自天子以至于庶人，壹是皆以修身为本。”也见第 4 章，“欲齐其家者，先修其身。欲修其身者，先正其心。”（原注无文，据朱熹《四书集注》之大学章句补——译者）

⑬《宪问第十四》第 45 章，见上注 11。（韦利译，兰登书屋，1938 年）也注意孔子用的“自我”（己）这词，不是后起文本常用的“身”。

⑭ 在下列各章中，“身”至少见过一次：《学而第一》第 4 章，“吾日三省吾身”；同篇第 7 章，“能致其身”：《里仁第四》第 6 章，“不使不仁者加乎其身。”《子罕第九》第 26 章，“终身诵之”：《颜渊第十二》第 21 章，“一朝之忿，忘其身以及其亲，非惑与？”《子路第十三》第 6 章，“其身正，不令而行”：同篇第 13 章，“正其身”：《卫灵公第十五》第 8 章，“有杀身以成仁”：同篇第 23 章，“有一言而可以终身行之者乎？”《阳货第十七》第 7 章，“亲于其身为不善者，君子不入也。”《微子第十八》第 7 章，“欲洁其身”；第 8 章“身中清，废中权”。

⑮“己”在下列各章中至少发现一次：《学而第一》第 8、16 章，《里仁第四》第 14 章，《公冶长第五》第 15 章，《雍也第六》第 28 章，《述而第七》第 28 章，《泰伯第八》第 7 章，《子罕第

九》第 24 章，《颜渊第十二》第 1、2 章，《子路第十三》第 20 章，《宪问第十四》第 25、32、42、43、45 章，《卫灵公第十五》第 4、18、20、23 章，《子张第十九》第 10 章。

⑯“自”在下列篇章中用做“自我”的意义：《里仁第四》第 17 章，“见不贤而内自省也。”（译者按，原注说本句出自第 27 章，疑误。）《公冶长第五》第 26 章，“吾未见能见其过而内自讼者也。”《颜渊第十二》第 23 章，“子贡问友，子曰：忠告而善道之，不可则止，无自辱焉。”《宪问第十四》第 18 章，“岂若匹夫匹妇之为谅也，自经于沟渎而莫之知也。”同篇第 30 章，“夫子自道也。”《季氏第十六》第 14 章，“夫人自称曰小童”。《子张第十九》第 17 章，“人未有自致者也，必也亲丧乎！”同篇第 24 章，“人虽欲自绝，其何伤于日月乎？ 多见其不知量也。”

⑰《雍也第六》第 28 章，“己欲立而立人，己欲达而达人。”也见《颜渊第十二》第 23 章，见上注 16；《卫灵公第十五》第 23 章，“己所不欲，勿施于人。”

⑱《宪问第十四》第 30 章，“不患人之不己知，患其不能也。”也见《学而第一》第 16 章，“不患人之不己知，患不知人也。”《颜渊第十二》第 1 章，“克己复礼为仁。一日克己复礼，天下归仁焉。为仁由己，而由仁乎哉？”《宪问第十四》第 42 章，“莫己知也，斯已而已矣。”《卫灵公第十五》第 18 章，“君子病无能焉，不病人之不己知也。”

⑲《公冶长第五》第 15 章，“其行己也恭”；《宪问第十四》第 45 章，见上注 11；也见《述而第七》第 28 章，“人洁己以进，与其洁也，不保其往也。”《子路第十三》第 20 章，“行己有耻”。

⑳ 例如，“吾十有五而志于学……”（在这个名闻遐迩的人生序列中，其余部分人称代词完全省略）（《为政第二》第 4 章。）在《里仁第四》第 6 章中，“我”被用做非强调的主语。（“我未见好仁者……我未见力不足者。盖有之矣，我未之见也。”）在《公冶长第五》第 11 章中，可发现“我”用做主语和宾语；紧接着“吾”又用做主语。（“子贡曰：我不欲人之加诸我也，吾亦欲无加诸人。”）因此，一般说，吾虽然常常用得多于我，但在各种使用中它们能互相替换，它们可起不同的语法作用。然而，它们仍然一贯地用来明确指代句中说话者的个人身份，但不用反省的方式强调这个人。然而，韦利说“我”作为主格比“吾”更有强调意义（上注 13）。

㉑《学而第一》第 8 章，“无友不如己者”；《雍也第六》第 28 章，见上注 17；《子罕第九》第 24 章，“毋友不如己者”；《颜渊第十二》第 2 章，“己所不欲，勿施于人。”《宪问第十四》第 25 章，“古之学者为己，今之学者为人。”《卫灵公第十五》第 20 章，“君子求诸己，小人求诸人。”同篇第 23 章，“己所不欲，勿施于人。”《子张第十九》第 10 章，“子夏曰：君子信而后劳其民，未信则以为厉己也；信而后谏，未信则以为谤己也。”

㉒《颜渊第十二》第 1 章，“为仁由己，而由人乎哉？”《卫灵公第十五》第 20 章，“君子求诸己，小人求诸人。”

㉓《学而第一》第 4 章。

㉔《里仁第四》第 6 章，“不使不仁者加乎其身”。

㉕《微子第十八》第 8 章，“不降其志，不辱其身”（译者按，原注无章次数目，仅有篇目，

疑脱漏)。

㉖《子路第十三》第6、13章,见上注14。

㉗《学而第一》第7章,“子夏曰:贤贤易色;事父母,能竭其力;事君,能致其身;与朋友交,言而有信:虽曰未学,吾必谓之学矣。”《颜渊第十二》第21章,“一朝之忿,忘其身以及其亲,非惑与?”

㉘《子罕第九》第26章;《卫灵公第十五》第23章,见上注14。

㉙《卫灵公第十五》第8章,见上注14。

㉚“欲”在下列各章中至少使用过一次:《为政第二》第4章,“七十而从心所欲,不逾矩”;《八佾第三》第10、17章;《里仁第四》第5章第一句“富与贵,是人之所欲也。”同篇第24章;《公冶长第五》第11章;《雍也第六》第4、28章;《述而第七》第29章,“仁远乎哉? 我欲仁,斯仁至矣。”《子罕第九》第10章,“夫子循循然善诱人,博我以文,约我以礼。欲罢不能,既竭吾才,如有所立卓尔。虽欲从之,末由也已。”同篇第13章,“子欲居九夷”(按原注说本篇第19章还有使用“欲”字者,查核《论语》本篇仅上两处使用,疑误。——译者);《颜渊第十二》第2、10、18、19章;《子路第十三》第17章;《宪问第十四》第2、13、16、47章;《卫灵公第十五》第9、23章;《季氏第十六》第1章;《阳货第十七》第1、5、19、20章;《微子第十八》第5、7章;《子张第十九》第24章;《尧曰第二十》第2章。

㉛“欲”这个词似乎在一种中立的意义上使用,例如,在下列文本中可发现这个为人准则(the golden rule)的不同说法,如《公冶长第五》第11章,“我不欲人之加诸我也,吾亦欲无加诸人。”《颜渊第十二》第2章和《卫灵公第十五》第23章,“己所不欲,勿施于人。”

㉜志在下列各章中至少使用一次:《学而第一》第11章,“父在,观其志。”《为政第二》第4章,“吾十有五而志于学”;《里仁第四》第4章,“苟志于仁矣,无恶也。”第9章,“士志于道,而耻恶衣恶食者,未足与议也。”第18章,“见志不从”;《公冶长第五》第25章,“盍各言尔志?”《述而第七》第6章,“志于道,据于德,依于仁,游于艺。”《子罕第九》第25章,“三军可夺帅也,匹夫不可夺志也。”《先进第十一》第25章,“亦各言其志也已矣。”《宪问第十四》第38章,“惑志”;《卫灵公第十五》第8章,“志士仁人”;《季氏第十六》第11章,“隐居以求其志,行义以达其道。”《微子十八》第18章,“降志辱身”;《子张第十九》第6章,“子夏曰:博学而笃志,切问而近思,仁在其中矣。”

㉝例如,理雅格在《中国古代经典》卷一(香港大学出版,1960年)中就这样翻译的,《述而第七》第6章、《子罕第九》第25章和《微子第十八》第8章,见上注32。

㉞例如,理雅格在《为政第二》第4章中用“bent”。

㉟例如,理雅格在《公冶长第五》第25章中用“wish”。

㊱例如,理雅格在《里仁第四》第4章中合用“will”和“set on”。

㊲例如,理雅格在《卫灵公第十五》第8章中用“determined”。

㊳ 例如，理雅格在《子张第十九》第6章用“aim”。

㊴ 韦利（上注13）在《学而第一》第11章中用“intention”。

㊵ 韦利在《微子第十八》第8章中用“high resolve”。

㊶ 例如，《里仁第四》第4、18章，见上注32；《卫灵公第十五》第8章，“志士仁人”（按，原注是第18章，文义与本处语境不合，疑误。——译者）；《微子第十八》第8章第2句：“降志辱身”（按，原注也是第18章，疑印刷误。——译者）《子张第十九》第6章，“博学而笃志”。有几例用“志”的章节中目的性并不太强，但若以一种强烈的目的来解读，也与文本一致。因此，在《子罕第九》第25章，“匹夫不可夺志”，韦利译成“opinion”，而莱格则用“will”。在《里仁第四》第18章中，“见志不从”，韦利用“opinion”，理雅格用有影响性的动词“incline”来译，而另一方面，莱斯列则在此用较强烈的语言：不听谏，决不改变（ne l'écoutent pas et ne changent point……）（丹尼尔·莱斯列：《孔子》，Seghers出版，1962年）。

㊷《子罕第九》第25章，见上注32。

㊸《为政第二》第4章；《里仁第四》第9章；《述而第七》第6章第1句“志于道”；《子张第十九》第6章，见上注32。

㊹《学而第一》第11章；也见《公冶长第五》第25章；《先进第十一》第25章；《季氏第十六》第11章，见上注32。

㊺《季氏第十六》第11章第2句，“隐居以求其志，行义以达其道。吾闻其语矣，未见其人矣。”

㊻ 参见芬格莱特：《孔子：即凡而圣》（纽约：哈珀火炬丛书，1972年），尤其参见第3章。

㊼ 例如，《泰伯第八》第13章，“笃信好学，守死善道。”（坚定地相信我们的道，努力学习它，誓死保全它。）

㊽ 例如，《颜渊第十二》第1章，“克己复礼为仁……非礼勿视，非礼勿听，非礼勿言，非礼勿动。”

㊾ 例如，《里仁第四》第5章，“苟志于仁矣，无恶也。”

㊿ 全面讨论孔子强调把“忠”、“恕”这两个原则作为他思想学说的“一以贯之”之道，见作者《论语的一贯之道》（《中国古代哲学》专刊，波斯顿，麻省：哈佛大学，1976年）。

51 H. G. 顾立雅：《从孔夫子到毛泽东的中国思想》（纽约：蒙特，1953年），第36页。

52 例如，《里仁第四》第5章，见上注9；同篇第16章，“君子喻于义，小人喻于利。”《宪问第十四》第1章；《卫灵公第十五》第31章，“君子谋道不谋食……君子忧道不忧贫。”

53 例如，《学而第一》第1章，“人不知而不愠，不亦君子乎？”《里仁第四》第5章，“君子去仁，恶乎成名？”同篇第14章，“不患无位，患所以立；不患莫己知，求为可知也。”《泰伯第八》第13章，“天下有道则见，无道则隐。”《宪问第十四》第32章；《卫灵公第十五》第18章，“君子病无能焉，不病人之不己知矣。”

㉞ 例如，《里仁第四》第 9 章，“士志于道，而耻恶衣恶食者，未足与议也。”《子罕第九》第 17 章，“吾未见好德如好色者也。”

㉟《泰伯第八》第 13 章，见上注 53；《宪问十四》第 13 章，“见利思义，见危授命，久要不忘平生之言，亦可以为成人矣。”

㊱ 对礼、仁、忠和恕的各篇章和注释，见上注 48、49 和 50。至于“义”，见如《里仁第四》第 10 章，“君子之于天下也，无适也，无莫也，义之与比。”同篇第 16 章，“君子喻于义”；《卫灵公第十五》第 17 章，“群居终日，言不及义，好行小慧，难矣哉！”《阳货第十七》第 23 章，“君子义以为上，君子有勇而无义为乱，小人有勇而无义为盗。”

㊲《颜渊第十二》第 11 章，“君君，臣臣，父父，子子。”

㊳《为政第二》第 1 章，“为政以德，譬如北辰，居其所而众星共之。”也见《卫灵公第十五》第 4 章“无为而治者，其舜也与？夫何为哉？恭己正南面而已矣。”全面的讨论见芬格莱特：《孔子：即凡而圣》，同上注 46，第 1 章。

㊴《里仁第四》第 13 章，“能以礼让为国乎？何有？不能以礼让为国，如礼何？”《颜渊第十二》第 19 章，“君子之德风，小人之德草。草上之风，必偃。”《子路第十三》第 16 章，“近者悦，远者来。”

㊵《道德经》第 49 章，“圣人恒无心，以百姓心为心。”（原注无文，今补——译者）

㊶ 同上，第 7 章，“……圣人后其身而身先，外其身而身存。非以其无私邪？故能成其私。”

㊷ 同上，第 22 章，“多唯不争，故天下莫能与之争。”34 章，“万物恃之以生而弗辞，成功遂事而弗名有。衣被万物而弗为主……可名于小。万物归焉而弗知主，可名于大。”

㊸ 同上，第 17 章，“太上，不知有之；其次，亲之；其次，誉之；其次，畏之；其次，侮之。”

㊹ 同上，第 20 章，“众人皆有余，而我独若遗，我愚人之心也哉。众人昭昭，我独昏昏；众人察察，我独闷闷……”

㊺ 同上，第 14 章，“执古之道，以御今之有，能知古始，是谓道纪。”

㊻《薄伽梵歌》第 5 章“舍弃有为瑜伽”，第 8 节“我不做任何事情，诸如触摸、品尝、呼吸、睡眠……”（原注无文，今据张保胜译《薄伽梵歌》补——译者。下同。另，有为瑜伽指在实践中排除利己动机的修炼。）

㊼ 同上，第 5 章第 10 节，“他将诸业归于梵，虽然有为无迷恋，此人不会染诸罪，犹如莲叶水不沾。”

㊽ 同上，第 4 章“依靠智慧舍弃有为瑜伽”，第 18 节，“谁能在有为中见到无为，又能在无为中见到有为，并在诸业中坚持瑜伽，在众人中谁就最有智慧。”第 19 节，“谁在从事诸业的活动中，把各种意愿全都舍弃，并用智火把诸业焚烧净尽，智者们就把谁称为学者。”第 20 节，“常满足亦无所赖，且不执着于业果，尽管在业中忙碌，却等于任何事没做。”第 18 章第

23 节，“所谓萨埵之业，为者不求业果，唯履行其职责，不因爱憎亦无执着。”第 45～47 节，“安于各自的天职，才能获得成功……”

㊾ 同上，第 4 章第 16～21 节，其中第 18～20 节见上注 68，而第 16 节大意是“什么是有为？什么是无为？即使智者对此也十分迷惑。懂得了有为便能从邪恶中解脱。”第 21 节，“诸贪求舍弃净尽，无欲望而制身心，唯借体从事其业，故不会罪过染身。”

⑳ 同上，第 4 章第 18～20 节，见上注 68。

㉑ 参见《八佾第三》第 3 章，“人而不仁，如礼何？人而不仁，如乐何？”第 20 章“《关雎》，乐而不淫，哀而不伤。”《泰伯第八》第 8 章，“兴于《诗》。立于礼。成于乐。”第 15 章，“师挚之始，《关雎》之乱，洋洋乎盈耳哉！”《先进第十一》第 1 章，“先进于礼乐，野人也；后进于礼乐，君子也。如用之，则吾从先进。”《宪问第十四》第 13 章，“夫子时然后其言，人不厌其言；乐然后笑，人不厌其笑；义然后取，人不厌其取。子曰：其然？岂其然乎？”《季氏第十六》第 5 章，“益者三乐，损者三乐。乐节礼乐，乐道人之善，乐多贤友，益矣。乐骄乐，乐佚游，乐晏乐，损矣。”

㉒《泰伯第八》第 15 章，见上注 71。

㉓《八佾第三》第 23 章，“子语鲁大师乐。曰：‘乐其可知也：始作，翕如也；从之，纯如也，皦如也，绎如也，以成。”

《论语》如何描绘理想的权威及其作用模式

一 作为典范的权威：一些背景的评论

孔子、儒家，当然还有儒家之前的中国思想，都很看重理想的统治者或者权威作为楷模(exemplar)或典范(model)的作用，这是为人们所熟知的一个论点。[①]不久的几年前，对于这个论点，孟旦(Donald Munro)教授以相当的篇幅进行了富有洞见而博洽的重新阐述和论证。[②]对于我在本文所要进行的讨论来说，这是一个被接受的一般背景。在此，我特别感兴趣的是在《论语》中出现的孔子的思想。我注意到，《论语》的文本提出了一种首尾一贯和饶富哲学趣味的关于权威的典范作用的(authority-as-model)思想。然而，这种独特的观念目前尚未和其他思想清楚地分离开来，通常情况下，它是和中国思想文献中其他不同的典范权威思想混融在一起的。因此，我的目标就是将孔子的思想分离出来，更加清晰地凸显其意义，从而对这种思想及其某些更为一般化的方面提出一些哲学的反思。简言之，我将要加以发挥的这种儒家概念，是作为哲学讨论的基础，而不仅仅是作为观念史上的一项内容。

如果我们首先至少一般性地回顾一下，在其他思想传统和理论中，权威的力量是如何被理解的，那么，《论语》中典范权威的理念的独特性，自己就会鲜明地展示出来。

正如我们所知的，历史上存在着形形色色的怀疑论传统，它们拒绝任何理想权威概念的合法性，或者至少拒绝任何道德理想权威的合法性。在古希腊、古印度和中国都可以找到这样的怀疑论思想，并且，在历史的进程中，这种怀疑论思想也一再出现。[3]

然而，历史上也存在着肯定理想权威的概念。东方或西方的各种自然法理论都教导一种理想的、非人格的权威，采取的形式是道德法或自然法，或一种抽象的、理性的原则，或者无论是任何一些原则或模式。[4]在这样一些理论中，权威之所以使自身发生有效的作用，是因为所有人或至少是一个精英的群体，都被预先假定具有一种理性认识或道德认知的能力[5]，或者具有一些像良心之类的特殊的能力，或者能够通晓书本或传统智慧的终极的规范-模式（norm-pattern）。对于权威的了解，在某种程度上引发了人们对于权威的尊崇——尽管权威为什么值得尊敬或者如何值得信赖，仍然常常是一个令人感到困惑的哲学问题。

在某些学说中，理想的权威是以一种更为人格化的（personalistic）方式来被理解的。犹太教-基督教传统的上帝就是一个终极的权威，至少从这一点来看，上帝这个终极的权威是通过诫命（Commandments）宣称其意志来行使其权威，继而又通过惩罚与奖赏来实施这些诫命的。[6]而像萨特这样的存在主义者，也可能被认做对于权威具有一种个人主义者（personalist）的观点。在他看来，我们每个人都是我们自身的绝对和理想的权威；我们通过我们的承诺（commitments）来行使对于我们自身和我们的世界的权威。[7]在这类个人主义的权威观中，权威的**行使**不是通过充当一种典范来发挥作用，而是通过颁布法律或者使自我作出真实的选择来发挥效用的。

还有另外一种关于权威的观点，这种观点强调实在法（positive law）。也就是说，强调法律更多的是一种在逻辑上具有自主性的（autonomous）**人类的**创造，而不是一种来自于某些超越于人类之上的（super-human）根源的体现。这里，人们会联想到诸如荀子、霍布斯（Hobbs），或者19世纪和20世纪西方的法律实在论者。对于这种权威的服从，基于一般的公民心态（civic-mindedness）以及与之相伴的惩罚的威胁。

不论人们假设权威的终极来源是什么，关于我所提到的所有类型的学说，有一件事是值得注意的，那就是：在所有那些学说中，没有一种触及到这样一个至关重要的假设，即权威的行使在根本上将基于一个作为一种典范的权威者的行为。

我不会忘记，在所有的文化之中，宗教或精神性的导师都是那样一些人，由于他们是（或者被当做是）典范人物，因而他们在将他们的观点施加于他人和社会时便卓有成效。然而，当他们宣讲他们的**学说**时，对于他们的学说而言，这种角色并非至关重要。他们声称，一种派生的权威是由于代表着某些**另类**（other）**的**存在、法律或者实在。并且，正是通过一种可以学习和接受的学说，或者通过一种可以遵循的规范，他们试图在其他人当中建立起这种权威。

对于我的这种说法，一个受过西方教育的人可能很容易想到耶稣或者苏格拉底，以此来作为我的反证。[8]但事实上，他们恰好说明了我刚才所说的观点。柏拉图对苏格拉底的形象作了描绘，认为苏格拉底正是其同时代人的楷模。正如柏拉图如此雄辩地加以描绘的，在西方历史上，这个苏格拉底实际上也的确成为后世历代尊崇的一个楷模人物。但是，柏拉图所**教导的**学说，以及他显示的苏格拉底所传授的学说，是我们应当通过一种辩证的推理来追求有关善的形式的知识，通过这种知识，我们应当获得指导。而就苏格拉底这个人来说，其本身却并不是有理性的人（the rational person）指导生活所需要遵从的标准。同样，对于基督徒来说，耶稣也一直是他们竭力仿效的一个非常有影响力的典范，但是，耶稣所**教导的**教义却是这样的：通过对于作为最终权威的上帝亦即天父的爱和顺从，我们才懂得学会如何正确地生活。然而，对于理想的权威及其作用的模式，中国人却提出了这样一种事实，即典范人物对于一种明确而关键的学说论点所具有的影响。

即使在中国人当中，对于这种观点，孔子也持有一种独特的看法。或者可以说：孔子一贯坚持并详细阐明了一种观点，这种观点至今与其他不同的作为典范的权威（authority-as-model）概念难解难分地融合在一起。我们这样说或许更为正确。

二 “典范”概念的歧义:工具的意义

要理解《论语》中这种独特的看法,首先的一步是要把握或处理“典范”这个概念中的歧义。典范这个术语有一种很重要的意义,需要和适合孔子观点的那种意义区分开来。

如果我们说到某人作为一个典范或楷模而行动,而起作用,那么,我们意在阐明的一件事情是这样的:这个人在发挥典范的作用时,他能够很好地启发其他人要做什么或者要成为什么样的人。而向典范学习的人需要知道或希望要知道的就是如何行为或如何做人,并且,他们观察着典范人物,目的就是要通过仿效典范人物而去学习。

在“典范”的这种意义上,对于学习者来说,典范并不具有**内在的**价值和意义,而只是在工具的意义上发挥作用。就典范这个词的合法意义而言,一幅图画,或一部电影,或一系列短剧,都可能起到像“典范”一样或者更好的作用,甚至本身就作为典范来起作用。这里,值得我们考虑的重要问题是:这种描绘的模式如何有效地帮助观众去学习那些他们需要或者想要去学习的东西。我要把这种可以复制或模仿的典范称做描绘性典范(depictive model),这种典范具有工具性的价值。用孔子的术语来说,这种意义上的典范称为“器”,也即一种器具或工具。当然,孔子坚持认为,君子(真正高尚的人)不是器。而真正的君王或圣明的皇帝就更不会是器了。[9]

但是,孔子拒绝作为器的那种典范人物,毫不含糊地受到了古代文献的支持。例如《诗经》,孔子在《论语》里经常提到《诗经》。孔子非常珍爱《诗经》,而在《诗经》中,有许多地方描绘了君王具有作为他们人民的模式或典范的特征。有人也许强调说,我们正在谈论的有关典范的术语不是《诗经》所独有的。仅仅提一部其他的经典,例如《书经》,其中也可找到不少这样的用语。这些文献用了很多不同的词语来表达这种思想,其中有几个词语还一再重复。

在《诗经》中,我们读到:

殷鉴不远，在夏后之世。[10]

布尔顿·华生(Burton Watson)[11]指出，在中国思想中，镜子的意象是一个受人偏爱的意象，其目的是强调学习历史的经验、吸取教训的作用。而把《书经》中《召诰》一章翻译出来，在某种意义上，就是上引《诗经》文字的回声：

我们不可不监(鉴)于有夏，
亦不可不监于有殷。

在此，旧权威是新权威的前车之鉴；而新权威则使自己对于旧权威有所借镜("鉴照")。

如果统治者要以他伟大的先驱作为自己的镜子和典范，那么，同样，人民也把有德的统治者作为一种楷模或者典范。在《诗经》中，"则"字在关联于权威(统治者)及其人民时使用得最为频繁[12]，而"则"字常常也用在具有描绘性工具意义的文本中。例如，在《诗经》中，就曾经用斧子的把柄(axe—handle)来指称可以模仿的典范。[13]

然而，常常有这样的情况，即这些文本在何种意义上意指那个被当做典范的理想的权威，却并非是自明的。古代的文献不是哲学明晰性的典范。其中所用的术语变化多端，且语义微妙，翻译者曾试图用这样一些英语单词来捕捉其间的细微差异，例如："model"、"copy"、"imitate"、"act conformably"、"respond duly or properly"，甚或还翻译成"obey"。[14]

较为典型的情况是，《诗经》中使用的这些词语是相互联系的：一方面，**对于**人民或者家族中其他的成员来说，权威显然具有一种典范的特征；另一方面，这种用语的明确意图就是要使归向或从属权威的人(subordinates)具有模仿权威或共同响应权威的特征。使用这种语言是要说明一些人如何按照一定的规范对他人作出回应(或者应当作出回应)。

在此，更为完整和确切地诠释《诗经》(或者《书经》)不是我的目的。我只不过想就典范的权威的概念来指认这些文献中有相同特征的术语。我这样做的理由在于：一旦这样做过之后，一个值得注意的事实就会显现出来，那就是：当以这种方式用来描绘权威的特征时，这种为人们所熟知的词汇竟然不为《论语》中的孔子所使用！[15]

这是一个值得注意的事实，也是一个基本的事实。如果孔子打算以同样的精神来表述其思想观念的话，那么，一般人很可能预料他会因此而经常使用传统的词汇。他当然熟悉这些词汇。虽然不是将权威作为典范，但孔子也确实使用过所有这些词语。孔子一定早就熟悉这种习惯用语，甚至一开始还偏好这种用语，因为他热爱传统，喜欢阅读古典文献。他有充分的机会使用这样的语言：他深切关怀着治理国政的问题，并且经常谈论这个问题。因此，孔子之所以并未本着这一目的而使用那种传统的和与此有密切关联的词汇，一定别有隐情，也就是说，这种传统的词汇并没有传达孔子想要表述的思想理念，甚至不容易修改以传达他心中的理想。或许，在我们渐渐看清孔子思想的独特性后，我们会利用古代文献的模糊性，将孔子的观点读进那些文献之中，作为那些文献各种可能意义的其中**之一**。我认为可以这样做，而且不无道理。即便如此，对于遵循孔子的实践以及不使用传统"典范"语言的方式来表达孔子的观点，还有很好的理由说明。然而，孔子又确实坚持认为，就理想的情况来说，权威是通过权威之作为典范来发挥作用的。这似乎是一个悖论，但我会努力显示它是如何的富有意义并且千真万确。

三　"典范"概念的歧义：《论语》所表达的意义

孔子典范概念的要旨很快就会显现出来。比如，我们说到一对典范的父母、堪称楷模的父母时，我们也许是在工具性的意义上来说的——这里所说的父母经验丰富，技巧纯熟，其他父母都很可能渴望加以仿效。但是，我们也许还有别的意义，即这样的父母完美地实现了我们有关作为父母应该是什么样子的那种理想，由此充分认识到——并且实现了——作为父母的内在价值。也就是说，作为父母，是被视为人性某些方面的**圆满实现**(fulfillment)，而不只是偶然发生的任何逻辑上和因果关系的可能性。就术语的这种意义而言，典范本身就是有价值的。

或者，我们可以用一个不同的例子来加以说明，我们可以设想某一场精彩的棒球比赛，其中充满了各种各样的悬念（suspense）和变化多端的技巧，乃至兴奋激动的心情、超水平的发挥和机运的转折等等一系列能刻画棒球达到最佳状态的特征。就此而言，棒球的各种可能性完全实现了。于是我们说，这就是棒球比赛应该达到的最高水平的一个典范——但是，我们这样说时，并不意味着这就是一场有益于仿效的比赛，因为我们并不是想要赛手们试图重复同样的一场比赛。对于一场典范的棒球赛来说，恰恰是其不可重复的独特性，构成那场比赛成为典范的部分原因。当然，我们的意思是说，这场球赛所圆满实现的，正是那使得球赛本身富有价值的东西。这非常不同于按照规则把比赛进行到底但却打得糟糕透顶的那种比赛，后者缺乏棒球独特的优美精妙的打法和悬念迭起的情境，并且，无论是对于球迷还是对于新手来说，这种比赛同样是索然寡味、沉闷无趣的。有人可以说，由于后者按规则进行比赛，因而它也实现了棒球的一种可能性。但是，这与我意欲使用的“实现”和“圆满”（consummation）的意义截然不同。另一个相反观点也许有助于阐明我的意思，这种观点是这样的：这场典范的棒球赛并不承担进一步的目的。当我们称它为典范时，我们意味着，它是我们作为棒球迷意义的完美的圆满实现——即使我们的球队没有打赢这场比赛。

我们说某些事情或某些人是一个完美实现的典范，并不排除也许在某些方面它**也**是一个工具性的典范，通过榜样或示范告诉人们如何做好父母，如何打好棒球。但是，我希望人们明白，作为“典范”这个词，它们具有截然不同的意义。

我坚持认为，对孔子来说，中心的问题是把君子看做一个典范——不是工具性的典范，而是圆满的典范，不仅仅是典范的父母或者大臣，更是典范的人本身。君子即意味着人性的圆满实现。从这种人性的角度来看，成为一个君子就是其本身的理由和本身的实现。对于这一点，如果有人要问我们日常生活的任务：“我们所有人生的目标是什么？”——如果有人说，人生的目标就是成为一个君子，那么，他就给出了孔子的回答。

孔子说过,"君子不器"。在与弟子们的谈话中,孔子还接着说过,君子不必精通那些我们认为有用的实际技能,如农圃之事。[16]因为其他人可以做这些事情。我认为,在此清理一下孔子视为一体的思想的两个方面,有助于加深我们对于孔子的认识和理解。孔子关于社会结构的封建贵族观点使他理所当然地觉得:一个人使其自己的人性达到完美的境地是自然的事,从而其存在就是人性本身的最好证明——其存在不为任何功利实用的目的服务——这个人是一个与任何看起来太世俗的实用目的保持距离的人。这里存在着一种逻辑的混淆,社会各阶级的古老而世俗的角色分工鼓励了这种混淆。然而,我们这些在不同时代成长起来的人对于人性却有这样的一种看法,即人性的完善在一定程度上是由从事有用的劳动所**构成**的。同时我们也明白,我们的价值和尊严并不仅仅在于我们对什么东西有用。正是对于后者那种单纯功利性的人生价值观的否弃,体现了"君子不器"这句话最为深刻的意义。

由于理想贵族的形象是人生尽善尽美的有效**象征**,因而问题甚至变得更为复杂。作为人的存在的完美体现,贵族的象征性也许是人类历史进程中赋予贵族的社会形式以广泛的吸引力、甚至对庶民百姓也有吸引力的部分原因。由于这种象征性以及似乎肯定这种象征性的社会秩序,孔子将二者混同起来,尽管如此,孔子还是瞥见了此中发挥支撑作用的普遍真理,并且,孔子主张,在使一个人成为君子的过程中,世袭的社会阶级地位并不具有决定性的作用。[17]

我适才所言意味着,无论其他人是否利用或效仿完美的典范,并不构成他自己成为这样一个典范的本质——那是他自己的完满实现。因此,正如我早先说过的,孔子从来没有使用以"典范"为目标的词语。通过这种方式,孔子很有系统地避免提出任何的建议,那种建议认为具体的有用性只是君子成其为君子的部分原因。不过,人们**确实**响应尽善尽美的典范,确实利用它们,这是一个重要事实。关于这一点,在其思想学说的实质上,孔子是有所侧重的。

当然,即使在人们确实响应完善的典范的地方,这种响应也不必或者经常不具有模仿的性质。我也许崇拜某位妇女,将她视为正是那种母性的典范的体现。但对我来说,模仿是不可能的事。换一种方式来说，模仿也许是可能的，但却是不适当的。我也许将某位医生作为正是那种具有医生美德的典范，但对我来说，适当的响应是在我生病的时候去找这位模范医生求医。这是一种**关联性的**(correlative)而非模仿性的响应。儒家典范的君主，一般来说是不可模仿的——否则就是僭越或篡夺。就理想的情况来说，所有其他人对于君主的响应，是以一种关联性而非模仿性的方式，那就是：**君主**要像君主，臣子要像**臣子**。

现在我们遇到一个悖论：根据他们的本性，如果这样的人没有比实现其本性更进一步的目的，那么，我们如何设想他们会根据其本性而可靠地和有效地来行使权威呢？

要着手回答这个问题，我还是先谈谈孔子非常珍爱的一种语境——音乐。孔子说，毕竟是音乐使我们达到圆满无缺的境界。[18]因此，让我们考察一下音乐的演奏以及它给我们的心灵所带来的直接的奇妙的影响。音乐之所以有这种影响，肯定不在于它是为了**说明其他**别的什么东西的有益的工具。音乐——音乐活动——是因其本身而受到我们重视的东西。我们所说的“音乐”，当然不是指乐谱。乐谱之所以有价值，在于它承担工具性的作用，作为一种模式，一种描绘性的典范，乐谱能够使演奏者创作出音乐来。

当一件被娴熟地演奏和意义非凡的音乐作品真正向我们呈现时，我们的心灵深受震撼。显然，我们不能够**模仿**这种创作。音乐人积极地投入创作的激情之中，听众也沉浸在深深的遐想之中。我们有效的参与都是即兴的、自发的；我们向往音乐的神奇世界，都是由于我们自己的意志。用不着刻意的追求，不必争辩和劝说，也不需要规则或命令要求对音乐加以关注。一种奇异的、无形的力量在推动着我们。但是，这种“力量”又并非强迫性的。注意到这一点是至关重要的，也就是说，不仅仅是我们不**需要**命令、争辩，或者强迫，而是这些东西**没有一个能够**引发出我们对于音乐的**这种**类型的反应。

当孔子谈到这种理想的权威的行使时，他的语言和意象精确地描绘了这种现象：

> 为政以德，譬如北辰，居其所而众星共之。[19]

君子之德风，小人之德草。草上之风，必偃。[20]

无为而治者，其舜也与？夫何为哉？恭己正南面而已矣。[21]

其身正，不令而行；其身不正，虽令不从。[22]

孔子告诉我们，对于这样一个典范人格，人们会趋之若鹜。[23]仅仅通过当下的存在和以身作则，以及通过启发他人的意志，从而参与这种生活之道，这种可以充分实现人性的天赋的生活之道，而不是通过一味的宣传说教[24]，这样的典范人格便可以起到教育的作用。

当面对这样一个人格典范时，我们可以认识到自己是如何地缺乏足够的参与。我们知道，音乐新手受到一开始接触音乐的启发和鼓舞，听得越多，学得越多，就越能够培养欣赏音乐的能力。同样的，孔子一定期望，当普通的民众面对一个真正完善的人时，会受到启发和鼓舞，从而去学习道，去掌握诗，去掌握礼。更一般地说，关键的一点在于：一个人对于人性完善的典范的响应，其实是一种启发的响应，这个人受到典范力量的鼓舞，而在这种启发之下，这个人去掌握典范所展示的生命形式，为的是要参与到那种生活方式之中。

孔子可能会说：如果人们不能适当地理解和珍视这种生活之道，而是偏好金钱、权力或者纯粹的感官享乐，那是因为人们没有曾经面对真正的圣贤君子——真正典范的人格。他们只知道心胸狭窄、残暴无道的昏君，掌握权力、野心勃勃的大臣，以及仅仅在名分、出身或权力地位上高贵的人们。诚然，古代有一些堪称典范的君主和大臣，但现今人们只能从传说和书籍中才知道他们。这尽管很重要，但远远不够。这就宛如今天我们会问：如果人们只听一些廉价的曲调，只读一些搞笑的漫画书籍，那么，我们如何能够期望他们达到一种对贝多芬或伦勃朗(Rembrandt)的欣赏和尊崇呢？只知道电视情境喜剧的人，又怎么能欣赏和理解伟大的莎士比亚呢？**有关**这些大师及其作品的教科书或者讲座，同样也不能够承担使人们欣赏和尊崇他们的目的。真实本身必须要显现出来。无论时间的流逝还是世代的更迭，当人格典范的真实呈现出来的时候，这些登峰造极的艺术作品又重新确立了它们的支配地位。正是以这种精神，孔子宣称：只要让君子——或最有影响力的“在上者”、真正的圣王——显现其真实的存在，那么，天下之人很快都会自发地趋之若鹜，就如同醉心于一件伟大的音乐作品那样。[25]

这就是为什么甚至蛮夷之人对于完善的人性也能够有所响应。[26]再以音乐作类比最恰当不过：那些有音乐天赋的人，不管他们对音乐是多么缺乏经验，只要有一半机会，他们就会感受到伟大的音乐的鼓舞，响应音乐精神的召唤，即使他们的感受和反应也许起初是原始的或粗糙的。人也一样，对于堪称人性完善的典范，人们必定会积极响应，而不论他们的最初响应也许是原始和古朴的。

君子的这种感化力依赖于直接的吸引力，这种论点自然足以提示“奇里斯玛”(charisma)的观念。事实上，通过说它只是一种关于奇里斯玛权威的学说这种方式，对于我一直在提出的有关孔子的诠释，就容易给它贴上奇里斯玛的标签，并在某种意义上将它打发掉。遗憾的是，“奇里斯玛”一词已经用得过于宽泛和松散，以至于一些重要问题隐而不彰，无法得到澄清或说明。

奇里斯玛这个词本身起源于《新约》，取其字面意思是“圣灵的恩赐”。例如，在《哥林多前书》(Corinthians)中[27]，保罗说到传布福音的使徒、宣讲上帝信息的先知、教师、能医病的法术士以及能说方言的人，他们都有各不相同的人格魅力，但是，这些人格魅力全都来自于同一位圣灵(上帝)。保罗说，这样一种恩赐是由上帝直接授予个人的一种力量，不依赖于个人也许具有的任何制度的或形式的身份或角色。

在现代，马克斯·韦伯在对这个词的运用中捕捉到了这种独特的观念，韦伯的用法对现代西方关于领袖魅力的思想产生了非常广泛的影响。韦伯把这种本来是基督教概念的重要意义一般化了。在较早使用“奇里斯玛”这个词时——通常来说，这是韦伯用得最熟悉的，韦伯给它下的定义是“个体人格的某种品质，这种品质把他和普通人分开，被认为赋有超自然的、超人类的，或至少具有超乎寻常的力量。”[28]承认这种力量及其对于别人的支配，是对“拥有这种品质的人的一种完全的个人奉献,这种奉献是出自于激情,或者出自于绝望和希望。"[29]韦伯强调说,奇里斯玛的独特魅力是在正式的规则、法律或逻辑的原则、官僚系统的或传统的权威之外发挥作用;它的发生作用是"在世俗世界的纽带之外,在正常职业的领域之外,以及家庭生活的日常责任之外"。[30]奇里斯玛和世袭制、常规化的权限、权威的领域以及社会的特权是势不两立的。[31]甚至在经济领域,奇里斯玛也依赖于特殊形式的(ad hoc)交换——如礼物、战利品和捐赠,而非合理计算的和日常化的经济交换。[32]因此,奇里斯玛"就其本性来说……特别的不稳定。"[33]它"拒绝接受过去"[34]。

韦伯把奇里斯玛权威看做群体结构和权威的一个基本形态,这种形态和他所认为的另外两种基本形态在根本上是对立的。那两种群体结构和权威的基本形态分别是理性-法律权威和传统主义权威。[35]

很明显,基督教的和韦伯式的奇里斯玛权威的概念,与孔子所理解的理想的权威相比较,在差不多每个重要的方面都意见相左,彼此分歧。他们惟一共同的观念是:人们都自发地被权威者的魅力所吸引。但是,奇里斯玛有一种强大的超人的力量,它侵扰和击碎人类社群的传统的和常规化的各种形式。

然而,对孔子来说,君子之德的整个关键,其基础、意义和合法性,均起源于这样的事实:对于人类社群的各种传统的合法形式来说,君子最完善地塑造了他的性格、举止和品行。君子不是一个凌驾于大众之上和大众对立的孤独个体。当他的生命与一个社群有机地融为一体时,他的完善才能够存在。君子成为这个社群的意义和结构的完美体现,即使这个特定的身体-社会(physical-social)的所在是指那个个体。因此,从这个视点来看,可以看到君子的存在体现了公共的价值。正是由于君子尽善尽美地将这些公共价值个性化,也正是由于他是人性和人类社群的结晶,因此,君子在其他人当中唤起了尊敬、快乐以及分享其生命形式的意愿。由此我断定,君子对人的直接影响的意义,根本不同于奇里斯玛式领袖的直接影响。[36]

四　受到孔子观点启发的更广泛领域的反思

通过这一点，我希望，对于孔子有关权威如何理想地发挥作用的观点，我已经提出了一种可以理解或至少是似乎有理的说明。但是，正如我的论述所包涵的，受到质疑的这种基本现象，并不是中国文化所特有的。在人类社会中，这种现象随处可见，并且是极为重要的。就像我早先所说的，除了中国文化外，其他所有伟大的文化所缺乏的，正是对这种根本意义的**鲜明自觉**。

在《论语》中，孔子经常谈及政事。然而，和另一个不同的论题——如孩子的培养和教育——相关，我想简要地展开孔子有关权威的典范概念。毕竟，孔子关于理想权威的学说预设了一种如何在理想上教育人们去追求道的概念。

可以料想，许多人都会同意：一个孩子的道德和精神教育的最深刻的基础，并不是由训斥、唠叨、命令、禁止所建立起来的，也不是一味说教和口头教育所能奏效的。这些方法和技巧无疑常常会实现有限的目标，但也许同时会常常产生不良的后果和引起逆反心理或消极的抵制。当然，在给予或不给予父母的关爱，在父母的生气，以及在奖惩的权力这些形式中，也内含着强迫的力量。这是一种真实而有效的力量——然而这样的力量也是双刃性质的，常常能够产生与其初衷背道而驰的后果。

这一切都与作为孩子楷模之人的父母的影响截然不同。这种以身作则的影响是深远的。孩子性格的深层基础和上层构建的诸多内容，都有序地、自发地逐渐成长起来，常常在日常生活的过程中不知不觉地潜移默化。这些都来自孩子对于作为楷模的父母有关生活的所有内容是什么的感知。就像我们常常说的，正是父母是什么，而不是父母教育、灌输了什么或仅仅伪装成什么，对孩子的影响最为深远。

我一直在我们大家都有的一般经验的基础上发表意见，但有趣的是，我注意到，在最近心理学的更加严格控制的行为主义研究中，已经积累起来大量有力的证据，这些证据表明，典范的观念对于学习和参加新形式的复杂行为具有极其重要的意义。大量的实验研究[37]显示出：不论复杂的行为模式还是行为的指导原则，都不可能通过逐项的刺激-反应的学习来实现，也不能通过操作性强化十分具体的反应这样反复灌输的形式来实现。然而，在观察典范后，孩子们在第一次尝试时，就会产生完整而复杂的新生行为。[38]高级类人猿也是一样。

对典范行为的这种模仿，似乎对于我所谓描绘性典范的工具用途提供了例证。但是，事情并不那么简单：与把典范作为工具利用的那种情况不一样，在这些实验性的情境中，儿童并没有意识到要向典范学习。事实上，儿童根本不需要典范发出指示，或者被告知要向典范学习。是否有模仿，主要取决于这个典范如何被感知——取决于那种被感知到的典范的身份（状态）和品质，以及典范的行为结果。诚然，对于典范行为的仿效性模仿并没有必要；相反，儿童可以自发地采纳典范自我评价的标准，采纳典范用以评估行为的那些原则。

这当中其实并没有什么十分惊奇的发现。如我所说，它基本上证实了从我们身处其中的生活中所获得的那些洞见；但是，这种观点应当来自于行为主义心理学，这一点之所以有意义，只因为它是施之于行为主义者之上的一项真理，而无论行为主义者那种研究取径最初的期望和精神是什么。

因此，我得出结论，典范确实激发了自发的响应，这种响应要么是模仿的行为，要么是相关的行为，而这两种行为使得人们可以参与到典范人物的存在方式之中去。但是，对于这样一种响应来说，典范是否是**必要的**，这仍然是一个问题。为什么**只有**典范，乃至完善的典范，才能激发这样一种响应？是否存在一些理论上的理由——一些有关基本原则而非偶然事实的理由？举例来说，一种真正精确而细致的描述、强有力的告诫、无可辩驳的论证或者涵盖周延的理论等等，为什么就不可能实现这同样的结果呢？

我认为，一个完善的典范无法被替代，对于这一点，孔子确实提出了强有力的有关基本原则的理由。要看清这一点，我们必须一开始就承认，圆满的典范的完善性不可能仅仅是公开行为举止的问题。如果完善是指那种具有内在价值的完善，尤其是圆满人格的完善，那么，它在很大程度上依赖于那些我们称为性格、动机、眼界、品位和理解力等描写行为举止的方面。当然，在终极意义上说，所有这些都确实是在行为之中自身的表现，但是，这些东西如此发生作用，往往只是间接地、复杂地而且是微妙地。

例如，我们可以试想两个人，他们各自参与了相似的情景：他们分别对街头的乞丐给予施舍。但是，一个人这样做是出于慈善的目的，而另一个人这样做则是为了给旁观者留下印象。这种施舍行为的精神在我们对施舍者的看法中造成了重要的差别，这种差别值得注意。

对孔子来说，这是熟悉的和至关重要的。他看到了被某种精神因素推动着的行为。孔子一再地谢绝回答弟子们询问是否某人是仁者[39]，尤其当弟子们只是报告那个人的公开（表面）行为时，他更不愿直接回答。在孔子看来，必须知道实施的行为中所寓含的精神。他教导说，适当的行为——“礼”，必须灌注“仁”的精神，受到“仁”的鼓舞。[40]当然，礼的公开行为的方面可以在书本中得到描绘，但是，孔子发现，精神（“仁”）的重要性对于“礼”来说——如果它算得上是**真正的**礼的话——要超过单纯的行为动作，单纯的得体的穿着和装饰。[41]能言善辩自然也证明不了道就是挂在口头上说说的。[42]在其精神中，无论从最好到最坏，这些单纯的行为和言词都能够得到体现。

所以，如果一个人仅仅从书本、说教或者理论中来学习那些礼仪的行为和言词，就想由此掌握和领会其中所蕴含的生动精神——在这种精神中，那些行为和言词构成尚未深切获得理解的人生之道的部分——这几乎完全是偶然的事件。诚然，人生之道的精神只能在与恰当的行为和言词相关联时才能够被激发——但不是作为在时间上并存的孤立的事项。因此，必定存在着一种整合的、有意义的和生动的姿态，在那种姿态中，可感知的行为从那种人生之道的现实中产生出来。

我们可以再次举音乐或者艺术的例子来作为类比。有许多方法可用来教授一种特殊的音乐或舞蹈技巧，或者如何正确地演奏某一段特别的乐章。然而，当我们谈到艺术性的眼光时，当我们谈到对伟大而复杂的作品的真正洞察和反应时，只有艺术作品自身向我们显现，才会引领我们看到它的眼光，进入它的世界。

尽管这似乎是玄妙的和神奇的，但它仍然在时间的框架内发挥作用。孔子谈到治理国政时，在不同的场合提出，有可能一天之内就能实现，[43]也可能需要花一个世代（30 年）的时间，[44]或者甚至可能要经历百年而后治[45]。在更一般的意义上，我们可以说，不存在适用于一切情况的规则。在见识和取向方面，改造性的转换可以一瞬间就出现，然而这种转变的完全实现则可能需要经年累月，甚至终其一生。

现在，我们终于触及到一个甚至更加令人感到困惑和棘手的问题。这个问题就是：即使我们假定一个典范确实激发了这样的响应并且是必要的，那么，这个典范也许是一种邪恶的人生之道的典范，难道这不是有可能的吗？在这种情况下，我们如何说明邪恶的人物在历代都有吸引力呢？关于这一点，孔子的那种观点对我们又有什么样的启发呢？

孔子假定，一个真正完全实现的人的价值不论是什么，对任何足够清晰和生动地感知其存在的人都会有吸引力。我认为，在孔子的这种观点中存在着真理，但是，要建立我所认为就是真理的东西，则还需要进一步作出比我在这里所能够给予的更多的评论和证明。孔子**也还**不言而喻地假定——当他将不会产生错误的吸引力归诸君子时——这样的价值必然会比其他任何的吸引（诸如私利和浮名）具有更大的心理诉求（psychological appeal）。[46]对此，我甚至有更多的保留意见。而且有时候孔子似乎还有其他的思想。[47]假如我们试验问一个人，在明显地面临着某些可能性时，他是否会觉得这种可能性有吸引力并且想要优先选择它，那么，我们肯定不得不作出结论：这种试验的结果就是，他会选择对他人的残忍，对他人的压迫、憎恨和以伤害仇恨者为愉悦，以及为了感官的满足而满足。这些选择在时间的历程中屡试不爽。

许多论证都试图表明，对人类而言，像名利这样的东西为何一定是华而不实的。孔子可能处于那些坚持抵抗虚名浮利诱惑的人之列，这些人的根据是：最终，这种吸引力是自我否定的，因为这些追求名利的行为立足于非实在、混乱、欺骗和目光短浅之上。孔子只是感到，这样的名利问题会背离真正的人类美德。[48]毕竟，这难道不就是区分蛊惑人心的政客和理想的权威之间差别的所在吗？——就其定义而言，蛊惑人心的政客是那种隐瞒有争议问题的内在意义与真相并提供谎言和虚假推断的人。在实践中，在蛊惑的政客、伪善的骗子以及君子之间作出区分常常是困难的。但是，一旦我们真正发现了蛊惑宣传的真相，我们就会自发地产生厌恶之情，弃之而去。因此，对人们真正觉得有价值的事物的考验，也就是那种经受得起时间、耐心和忠诚的考验。但是最终，这种考验会甄别出缺陷与邪恶。

如我所说，这一切就是我所理解的赞同孔子之答案的精神。而与孔子不同，我恰巧认为——就像人类经验的事实乍看起来所表明的那样——我们自然地、自发地倾向于邪恶，就像我们自然地、自发地倾向于美德一样。的确，我们对爱和美德都有一种深深的敏感性，无论在爱还是在美德中，我们都会获得一种自然而然的愉悦和欢乐。然而，侵略性和邪恶也是令我们同样感到愉快的，我们会为它们所着迷，并且，我们也有一股强大的癖好要去沉溺于对侵略与邪恶的参与之中。暴力、丑闻、灾难和犯罪总是使人着迷。我们的人性就此而言有可能是一种(善恶)的混杂，关于这一点，我并未发现孔子观点的逻辑涵义——在更一般的意义上来理解——对此提供了坚决拒斥的基础。作为典范的权威这样一种概念——就其内容而言——是和人类的现实属性相关的。无论任何什么东西圆满地实现了我们的人性，那种东西对我们来说都可以说是一个典范——但是，这种观点为我们具有一种压迫他人和利己主义满足的明显的潜在倾向打开了大门。

诚然，孔子**独特的**价值观是：只要个人真诚地修养**他**所认为能够完全实现我们存在的人生之道，那么，他就可以实现这样的人生之道，这根本不是一种利己主义的、压迫性的人生之道。然而，孔子并没有像我们这般真切地意识到，在不同的时代、地点或人群中，存在着能够提供人性完善的根本不同的价值构想。孔子在表述他关于理想权威的观点时，把他的论点建构成特殊化的儒家版，在这种儒家的版本中，孔子认为典范的人就是典范的儒者。而如我所见，一般化的论点是这样的：不管是儒家、基督徒——还是其他什么特殊的人——

如果一个典范体现了某种东西，在观察者看来，这种东西是真正的人性完善的形式，那么，这样一个典范就会起到催化作用，激发那些观察者对他们所观察到的东西产生一种精神上的快乐和一种自发的参与意愿。

如果我们打算要理解这种一般化的论点，而不仅仅说它就是这样的，那么，在此牢记体育和音乐的类似性就是至关重要的。如今，我们认识到**特定的**形式与内容的相对性——许多不同的比赛都有一套套不同的规则，这些不同的规则产生了各种各样的悬念，也许还需要发明不同的技巧；许多不同的音乐传统、风格、形式和乐器都可能各自产生十分不同的音调模式、节奏模式、和声以及音色。在一场体育比赛中起支配作用的主题概念，也许完全不同于另一场比赛；或者，启发某一件音乐作品灵感的主题概念，完全不同于另一件音乐作品。然而，我们认为，对于界定一场令人满意的比赛来说，**任何**规则的集合都是不够的；或者，对音乐来说，**任何**声音的模式都不足以构成一件令人满意的音乐作品。似乎有一些模式可以让体育比赛或音乐表演在一种可以认知却无法定义的意义上得以**充分实现**。棒球、国际象棋或欧洲巴罗克风格音乐的各种规则或各种传统就是这样一种模式。它们都确立了一个架构，在这个架构中，那些掌握体育规则或通晓音乐形式的人，能够产生各种表演行为。对那些积极参加活动的人或者作为听众（或观众）的人们来说，那些表演带来了内在于那些体育或音乐活动之中的许多重要价值。对于实现和完成来说，某些潜能是被实现了。在客观上，这显然不同于只是**有一些**可能性达到更大空间的音声的合成或活动的组合。

我想，孔子很可能理解这种一般的论点的力量，尽管他是根据他有关人性本质及其适当实现的特殊观点来表述这种一般论点的。孔子最深刻的和最一般的洞见，就是看到君子的重要身份在于人性本身的完全实现；并且由此发现任何真正想成为君子的人，就事物本性而言，都会获得精神的愉悦而备受鼓舞，参与君子的人生之道。

于是，我得出结论：孔子有关理想的权威的观点富有十分重要的意义，并且，可以被普遍地适用于人类的一切文化以及权威发挥作用的所有生活境遇之中。与其他伟大的思想学说——尤其是非中国的思想学说相比较，孔子有关理想权威的观点是非常独特的。在心理科学的更为专业化的研究中，以及在人类的经验中，这种一般化的论点都获得了大量有力的经验支持。它还具有足够的哲学有效性和敏锐性，以便使其在思想上内在连贯并经得起挑战。此外，它还具有一种特别的道德诉求：这种道德诉求唤起我们注意一种有关社会权威和力量的学说。这种学说宣扬依赖非强迫、非压迫的机制。除了在道德上具有吸引力外，这种有关社会权威和力量的学说也能够是一种现实主义的学说。这种学说并没有为反对邪恶提供逻辑上的保证，也没有提供确定和具体的美德公式。但是，至少它描绘了那种特殊的潜能，显示了那种可能性，并确立了那种人格典范的需要，那种人格典范就是在我们当中富有人性地生活的人们。

然而，由于尚未清晰地与其他表面上相似的概念区分开来，由于在一个技术化的世界中乍看起来似乎是不切实际的，也因为无论如何人们经常把它看做一段古代的历史或在一定程度上而言是一种过时传统的一部分，所以，在现代，孔子的典范概念没有受到应有的深刻而认真的研究。如果我的论述不无所得的话，那么，我希望我本人的论述至少确实界定了这个概念，注意到了这个问题，并且确立了进行这种研究的需要。

（原载《中国哲学》杂志第 8 卷第 1 期，1981 年 3 月，夏威夷）

注　释

① 参见 A·韦利：《孔子的论语》，现代文库，第 66 页；H. G. 顾立雅：《孔子与中国之道》，哈珀火炬丛书，1960 年，第 77 页。

② 孟旦：《早期中国人的概念》，斯坦福大学出版，1969 年，第 96～112 页。

③ 这里，我注意到与此相关的思想，如：古希腊怀疑论，像色雷西马丘斯（Thrasymachus）这样的人物；中国古代的"法家"思想，认为政治的权威除了权力——使用奖赏与惩罚以实施统治者的意志外没有任何理性的基础可言；早期印度唯物派（顺世论）哲学；最近关于权威的认识论上和道德上的怀疑论，其中包括无政府主义思想。

④ 在此，我注意有特色的思想，例如，古希腊初期的逻各斯思想——不管是柏拉图主义

的精神还是赫拉克利特的精神；后来它变成古罗马和基督教思想的一种重要张力，在中世纪和文艺复兴时期的基督教思想中达到顶峰。我也注意到像“天”（在其较少人类学使用的意义上）、“礼”、“理”和“五行”以及“阴阳”学说等等这样的中国概念。

⑤ 孟旦（上注2）以相当的篇幅探讨了这一概念的一个重要的中国版本：“良知”（evaluating mind）（第51～58页）。

⑥ 在《旧约书》第3章第31节中，约伯（Job）和他的朋友们的观点是这种观点的典范性表达。参见H· 芬格莱特：“约伯书的法律意义”，载于《汉斯廷斯法律评论》，1978年，第29卷，第1581～1617页。

⑦ J. P. 萨特：《存在与虚无》，伽利玛（Gallimard），1943年，尤见第638～642页；又参见被翻译成英文的他的著名文章：《存在主义是一种人道主义》，载入W·考夫曼编《从陀思妥耶夫斯基到萨特的存在主义》，梅里达（Meridian），1956年，第287～311页。

⑧ 弗洛伊德在某种意义上为幼儿描绘了作为典范的父母。儿童通过一种内化（introjection）和投射（projection）的复杂过程“认同”父母是可以学习和效法的典范。（参见S·弗洛伊德：《自我与伊德》第3章；芬格莱特：《转化中的自我》第3章和6章[Basic Books，1963年；哈珀火炬丛书，1965年]，然而，弗洛伊德不赞成把典范作为理想；它对孩童时代的发展来说，也许是一种心理的必需品，但对于成人来说就不是一种理想。而且，它以性欲依赖[erotic attachment]和恐惧的复合模式为基础，正如我们即将看到的那样，与下文所要详细讨论的孔子思想所争论的问题相比较，这是一种根本不同的影响模式。上文对弗洛伊德的评论，也包括关于耶稣和苏格拉底的评论，都受到葛瑞汉·帕克教授[Graham Parks]中肯评论的启发和鼓励，他使我相信，尽管时间和篇幅都不允许全面阐述，但我不能仍旧对此保持沉默。

⑨《论语·为政第二》第12章，“君子不器。”

⑩ 理雅格：《诗经》第三部分（大雅）第三篇第一首诗《荡》，第8诗节（译自华生[B. Watson]《早期中国文学》，哥伦比亚，1962年，第20页）。

⑪ B. 华生，见上注，第20页。

⑫ 理雅格：《诗经》第四部分（颂）第二篇（鲁颂）第三首诗《泮水》第4诗节。韦利译的《诗经》（250）把“则”译作“model”，理雅格和卡尔格兰（Karlgren）译的《诗经》（299）中用“pattern”译“则”。

⑬ 理雅格：《诗经》第一部分（国风）第十五篇（豳风）第五首诗《伐柯》第2诗节，“伐柯伐柯，其则不远。”（参理雅格：《中庸（之道）》第十三章第2句引用这个诗节，并把它用来说明正确的治国之道。）

⑭《诗经》中不少篇章使用“典范”的概念，都可在这个意义上来解读，我选择下列的取样来加以说明。尽管这种取样不包括我已经考察过的相关的所有篇章或甚至所有这个术

语的不同用法，但我发现，在我本人更加全面的考察中，没有一个用法越出上文肯定的一般化概念之外。在下列每一例中，我一边给出直译的汉字及理雅格译文中这个词所在的位置，另一边给出理雅格(L)、韦利(W)和卡尔格兰(K)英译的用词以对照：

a 则

《诗经・大雅・下武》第3节，“孝思维则”，p459

“model”(L) “Pattern”(W) “norm”(K)

《大雅・卷阿》第5节，“四方为则”，p493

“Pattern”(L)“model”(W,K)

《大雅・抑》第2节，“维民之则”，p511

“Pattern”(L,W,K)

《诗经・颂・鲁颂・泮水》第4节，“维民之则”，p618

“Pattern”(L,K)，“model”(W)

b 刑

《大雅・思齐》第2节，“刑于寡妻，至于兄弟，以御于家邦。”p447

“example”(L)，“model”(W,K)

《颂・周颂・烈文》第3节，“百辟其刑之”，p573

“imitate”(L,W)

又参：《书经・周书・多方》，“厥民刑，用劝。”p498

“imitate”(L)

c 傚

《小雅・鹿鸣》第2节，“君子是则是效”。又见《小雅・角弓》第2节，“民胥傚矣。”p405

“imitate”(L) “example”(W,K)

d 式

《大雅・下武》第3节，“下土之式”，p459

“Pattern”(L,K) “model”(W)

e 章

《大雅・抑》第4节，“维民之章”，p513

“Pattern”(to be imitated)(L,W,K)

⑮ 对于我的一般化的论点来说，考察孔子描绘君子(或君王)对人民的影响特征的方式并未显示例外。我的网撒得要比下列取样所显示的意义宽得多。不过，以下各项会有代表性地分别表明，孔子在《论语》中使用上注14就这一点讨论的词汇的位置。在每一例中——除了《泰伯第八》第19章——该词都被使用了，但不是用来表示“典范”这一概念的。并且，在注释中列举的各章，孔子确实说到君子或君王通过典范权威治国的方式，但他没有使用

任何一个这样的或类似的词汇。有趣的是，要注意（往往会证实我的论点）顾立雅为支持他的论点——“典范”的权威观点在《论语》中占有重要地位——而给出的《论语》引文，就是没有用明确的“典范”术语来表示这种观念的那些章节（顾立雅，p306，注 5）。

a.“则”：《泰伯第八》第 19 章，“巍巍乎：唯天为大，唯尧则之。”这里是《论语》在相关于人的权威的“模式”、“典范”或“模仿”的意义上使用“则”的一个例子。然而，这里的典范指“天”而不是人。这是我发现《论语》在与人的权威相关的任何合理意义上中使用“典范”这个词的惟一例子。通常，“则”字在《论语》里是作为逻辑连词的意义使用的。在《卫灵公第十五》第 10 章中，“则”字被用做与音乐相联系的“模式”（“乐则《韶》舞”）。

b.“刑”：参见《为政第二》第 2 章，“齐之以刑”；《里仁第四》第 11 章，“君子怀刑”；《公冶长第五》第 2 章，“免于刑戮”。

c.“傚”：《论语》中没有使用。

d.“式”：《乡党第十》第 16 章，“凶服者，式之”（车前横木）。

e.“章”：《公冶长第五》第 12 章，“我不欲人之加诸我也，吾亦欲无加诸人。”《公冶长第五》第 21 章，“斐然成章”；《泰伯第八》19 章，“焕乎其有文章！”

⑯《子罕第九》第 9 章，“吾少也贱，故多能鄙事。君子多乎哉？不多也。”《子路第十三》第 4 章，“樊迟请学稼，子曰：吾不如老农。”也参《子罕第九》第 2 章，“博学而无所成名”。

⑰《雍也第六》第 3 章，“君子周急不继富”。

⑱《泰伯第八》第 8 章，“兴于诗。立于礼。成于乐。”

⑲《为政第二》第 1 章。

⑳《颜渊第十二》第 19 章。

㉑《卫灵公第十五》第 4 章。

㉒《子路第十三》第 6 章。

㉓《子路第十三》第 4 章。“上好礼，则民莫敢不敬；上好义，则民莫敢不服；上好信，则民莫敢不用情。夫如是，则四方之民襁负其子而至矣，焉用稼？”

㉔《颜渊第十二》第 3 章，“仁者，其言也讱。”

㉕《颜渊第十二》第 1 章，“一日克己复礼，天下归仁焉。”《子路第十三》第 4 章，见上注 23。

㉖《子罕第九》第 13 章，“子欲居九夷……君子居之，何陋之有？”

㉗《哥林多前书》第 12 章第 28 节。

㉘ M. 韦伯：《社会和经济组织的理论》，A. M. 韩德森和 T. 帕森斯译，自由出版社，1964 年，第 358 页。

㉙ 同上，第 359 页。

㉚ M. 韦伯：《社会学论文集》，H. H. 格尔思（Gerth）和 C. W. 米勒编译，牛津出版社，

1946 年，第 21 页。

㉛ M. 韦伯，同上注 28，第 360 页。

㉜ M. 韦伯，同上注 30，第 21 页。

㉝ 同上，第 22 页。

㉞ M. 韦伯，同上注 28，第 262 页。

㉟ 尽管奇里斯玛的观念在韦伯的思想历程中经历了一些发展和修正，但并没有因此发生重大的变化而改变它原来的意义。在《社会和经济组织的理论》中，韦伯确实说到了奇里斯玛的“常规化”（routinization）和拥有奇里斯玛品质的建制（institutions）；但是，这里——如果我们可以免去对颇为复杂的微妙差别作一种概括性的评论，那么——奇里斯玛的品质要么和个体的人分开（在这种情况下它根本不适应于孔子的概念），要不然，建制化的、常规化的奇里斯玛仍然被看做是一些原创性的奇里斯玛的个人（其奇里斯玛概念适合于原初定义）的**派生物**（derivative）。简言之，就奇里斯玛是权威的根本来说，它是一种与传统、社会形式、制度和常规生活的习惯水火不相容的力量。

㊱ 韦伯试图把他的奇里斯玛的概念应用来分析“中国的宗教”时，由于引申过甚而使他本人的概念失去意义，看到这一点不足为奇。（M. 韦伯：《中国的宗教：儒教与道教》，H. H. 格尔思译，自由出版社，1951 年。）例如，比较一下第 143 页的那种不相容的表述：“皇帝的地位……绝对建立在他的奇里斯玛的基础之上……”第 164 页，“儒教整个儿变成传统的不折不扣的典范”。

㊲ 参见 L. 克拉斯内（Krasner）和 L. P. 优勒曼（ullman）编：《行为矫正研究——新的发展与意义》关于这个主题的评论，Holt，Rinehart 和 Winston，1965 年，第 310～311 页。

㊳ 这里使用的关于典范学习的具体材料，引自 A. 班杜拉（Bandura）在这个领域里的实验工作的评论，他的论文是《典范学习程序中的行为矫正》，第 312～340 页，收入克拉斯内和优勒曼主编的书，见上注 37。

㊴《公冶长第五》第 4 章，“不知其仁，焉用佞？”同篇第 7 章，“问：子路仁乎？子曰：不知也……不知其仁也”。同篇第 18 章，“未知。焉得仁？”

㊵《八佾第三》第 3 章，“人而不仁，如礼何？人而不仁，如乐何？”

㊶《八佾第三》第 4 章，“礼，与其奢也，宁俭。丧，与其易也，宁戚。”另见本篇第 12、19、26 章；《阳货第十七》第 11 章，“礼云礼云，玉帛云乎哉？”

㊷《宪问第十四》第 5 章，“有德者必有言，有言者不必有德”；《卫灵公第十五》第 26 章，“巧言乱德”。

㊸《颜渊第十二》第 1 章，“一日克己复礼，天下归仁焉。”

㊹《子路第十三》第 12 章，“如有王者，必世而后仁。”

㊺《子路第十三》第 11 章，“善人为邦百年，亦可以胜残去杀矣。”

㊻ 我认为，这就是《里仁第四》第 13 章中孔子的谈话中所隐含的精神。“能以礼让为国乎？何有？不能以礼让为国，如礼何？”

㊼ 例如，参见《里仁第四》第 6 章，“我未见好仁者、恶不仁者。……盖有之矣，我未见也。”

㊽ 参见《里仁第四》第 13 章，上注 46。

译后记

芬格莱特先生的《孔子：即凡而圣》是一部篇幅不长的著作，但是，这部著作出版之后，立刻在英语学界引起了强烈的反响。直至今日，在相关的研究中，这部著作仍然被作为基本的参考书广泛征引。可以毫不夸张地说，这部著作已经成为英语学界儒学尤其孔子思想研究的一部现代经典。虽然国内的个别专家学者对其不无了解，但该书在中文世界还远未为广大研究者所知。就儒学早已成为世界范围的一项共业而言，这显然是一个缺憾。如今，在自身缺乏中国传统历史文献严格训练的情况下对海外学界的中国研究趋之若鹜；在缺乏自身判断力的情况下"一切惟泰西是举"，自然无法在中国文化的广阔研究领域内真正卓然有所建立，难以为深长久远之计。同时，忽视海外中国文化研究的相关成果，不能尽可能全面深入地将其充分地消化和吸收，也终难成为现代意义上学术研究的大家。在英文版正式出版整整 30 年后，芬格莱特先生这部著作的中文版才得以面世，能够为中文世界广大的研究者所取益，可谓姗姗来迟。但如果是在深入理解的基础上使之真正成为我们进一步研究的资粮，那么，如今对这部著作进行"入乎其内，出乎其外"的研读，也仍然为时未晚。

北大哲学系的博士研究生张华进行了最初的翻译，他的翻译是认真和努力的。但海外中国研究丛书的主编刘东教授为了使本书的翻译精益求精，在亲自对原译稿有部分润饰的情况下，又嘱译事于笔者。于是，笔者又在原译稿的基础上通篇进行了修订和重译。加上附录的三篇论文，如今这部中文版也不过十二万多字。但是，由于芬格莱特先生思理精深严密，加之其行文风格有异于学界通常较为标准的表达方式，因此，此书的中译之难便成了专业圈子内的公认之事。翻译工作本非易事，非但需要具备相当的外语和专业要求，还要有良好的中文表达能力（这一点对当今的学术翻译而言恐怕尤有意义），如此方能使“信、达、雅”成为可能。当然，笔者虽然勉力而为，“心向往之”，却决不敢谓本书的中译已经达到了“信、达、雅”的标准。限于水平，疏漏错误之处在所难免，敬请方家指正。

彭国翔

2002 年 5 月

“海外中国研究丛书”已出书目

中国的现代化 [美]罗兹曼 著
中国食物 [美]安德森 著
洪业:清朝开国史 [美]魏斐德 著
儒教与道教 [德]马克斯·韦伯 著
中华帝国的法律 [美]D.布迪,C.莫里斯 著
文化、权力与国家:1900—1942年的华北农村 [美]杜赞奇 著
在传统与现代性之间:王韬与晚清革命 [美]柯文 著
最后的儒家:梁漱溟与中国现代性的两难 [美]艾恺 著
中国思想传统的现代诠释 余英时 著
佛教征服中国 [荷]许里和 著
中国政治 [美]詹姆斯·汉·汤森、布兰特科·沃尔克 著
向往心灵转化的庄子:内篇分析 [美]爱莲心 著
古代中国的思想世界 [美]史华兹 著
汉哲学思维的文化探源 [美]郝大维、安乐哲 著
汉代农业:早期中国农业经济的形成 [美]许倬云 著
欧洲中国古典文学研究十年文选 乐黛云 编
北美中国古典文学研究十年文选 乐黛云 编
东亚文明:五个阶段的对话 [美]狄伯瑞 著
摆脱困境:新儒学与中国政治文化的演进 [美]墨子刻 著
孔子哲学思维 [美]郝大维、安乐哲 著
中国:传统与变革 [美]费正清、赖肖尔 著
儒家思想新论:创造性转换的自我 [美]杜维明 著
德国思想家论中国 [德]夏瑞春 编
东亚之锋 [美]小R.霍夫亨兹、K.E.柯德尔 著
从理学到朴学:中华帝国晚期思想与社会变化面面观 [美]艾尔曼 著
台湾:走向工业化社会 [美]吴元黎 著
危险的愉悦:20世纪上海的娼妓问题与现代化 [美]贺萧 著
大分流:欧洲、中国及现代世界积极的发展 [美]彭慕兰 著
内闱:宋代的婚姻与妇女生活 [美]伊沛霞 著
中国北方村落的社会性别与权力 [加]朱爱岚 著

先贤的民主:杜威、孔子与中国民主之希望　[美]郝大维、安乐哲　著
中国人的幸福观　[德]鲍吾刚　著
中国近代思维的挫折　[日]岛田虔次　著
天潢贵胄:宋代宗室史　[美]贾志扬　著
中国的亚洲内陆边疆　[美]拉铁摩尔　著
为权力祈祷　[加]卜正民　著
闺塾师:明末清初江南才女文化　[美]高彦颐　著
缀珍录:十八世纪及其前后的中国妇女　[美]曼索思　著
竞争的话语:明清小说中的正统性、本真性以及所生成的意义[美]艾美兰　著
革命与历史:中国马克思主义历史学的起源　[美]德里克　著
中国妇女与农村发展:云南禄村六十年变迁　[加]宝森　著
中国现代思想中的唯科学主义:1900—1945　[美]郭颖颐　著
梁启超与中国思想的过渡:1890—1907　张灏　著
中国社会史　[法]谢和耐　著
转变的中国:历史变迁与欧洲经验的局限　王国斌　著
胡适与中国的文艺复兴　[美]格里德　著
义和团运动的起源　[美]周锡瑞　著
五四运动:现代中国的思想革命　[美]周策纵　著
寻求富强:严复与西方　[美]本杰明·史华兹　著
经学、政治与宗族:中华帝国晚期常州今文经学派　[美]艾尔曼　著
历史三调:作为事件、经历和神话的义和团　[美]柯文　著
孔子:即凡而圣　[美]艾伯特·芬格莱特　著
十八世纪中国的官僚制度与荒政　[德]魏丕信　著
儒家之道:中国哲学之探讨　[美]倪德卫　著[美]万白安　编
蒙元入侵前夜的中国日常生活　[法]谢和耐　著
功利主义儒家:陈亮对朱熹的挑战　[美]田浩　著
莱布尼兹与儒学　[美]孟德卫　著
宋代江南经济史　[日]斯波义信　著
血路:革命中国的沈定一传奇　[美]萧邦奇　著
中国近代经济史研究:明末海关财政与通商口岸市场圈　[日]滨下武志　著
都市里的农家女:性别、流动与社会变迁　[澳]杰华　著
技术与性别:晚期帝制中国权力经纬　[美]白馥兰
近代中国知识分子与文明:改革开放以来中国性别化的渴望　[日]佐藤慎一　著
另类的现代性:改革开放时代中国性别化的欲望　[美]罗丽莎　著
繁盛之阴:中国医学史中的性:960—1665　[美]费侠莉　著
中国大众宗教　[美]韦斯蒂　编　著

中国诗画语言研究　[法]程抱一　著
中国的思维世界　[日]沟口雄三、小岛毅　著
他山的石头记:宇文所安自选集　[美]宇文所安　著
新政革命与日本:中国,1898—1912　[美]任达　著
德国与中华民国　[美]柯伟林　著
走向21世纪:中国经济的现状、问题和前景　[美]D.H.帕金斯等　著
一个中国村庄:山东台头　杨懋春　著
上海罢工:中国工人政治研究　[美]裴宜理　著
斯文:唐宋思想的转型　[美]包弼德　著
开放的帝国:1600年前的中国历史　[美]芮乐伟·韩森　著
中国现代文学与电影中的城市:空间、时间与性别构形　张英进　著
现代性的诱惑:书写半殖民地中国的现代主义　史书美　著
中国制度史研究　[美]杨联陞　著
近代中国与新世界:康有为变法与大同思想研究　[美]萧公权　著
道与庶道:宋代以来的道教、民间信仰和神灵模式　[美]韩明士　著
章学诚的生平及其思想　[美]倪德卫　著
近代中国的犯罪、惩罚与监狱　[荷]冯客　著
改良与革命:辛亥革命在两湖　[美]周锡瑞　著
回应革命与改革:皖北李村的社会变迁与延续　韩敏　著
中国农民经济　[美]马若孟　著
近代中国之种族观念　[英]冯客　著
传统中国日常生活中的协商:中古契约研究　[美]韩森　著
现实主义的限制:革命时代的中国小说　[美]安敏成　著
中国的经济革命:20世纪的乡村工业　[日]顾琳　著
皇帝与祖宗:华南的国家与宗教　科大卫　著
饕餮之欲:当代中国的食与色　[美]冯珠娣　著
缠足:"金莲崇拜"盛极而衰的转变　[美]高彦颐　著
十八世纪中国社会　[美]韩书瑞、罗友枝　著
从民族国家拯救历史:民族主义话语与中国现代史研究　[美]杜赞奇　著
私人领域的变形:唐宋诗歌中的园林与玩好　[美]杨晓山　著
山东叛乱:1774年王伦起义　[美]韩书瑞　著
中国美学问题　[美]苏源熙　著
礼物、关系学与国家:中国人际关系与主体性建构　杨美慧　著
王弼《老子注》研究　[德]瓦格纳　著
中国的女性与性相:1949年以来的性别话语　[英]艾华　著
理解农民中国　[美]李丹　著

毁灭的种子:战争与革命中的国民党中国　[美]易劳逸　著
中国转向内在:两宋之际的文化转向　[美]刘子健　著
帝国的隐喻:中国民间宗教　[英]王斯福　著
寻求正义:1905—1906 年的抵制美货运动　[美]王冠华　著
间谍王:戴笠与中国特工　[美]魏斐德　著
卫生的现代性:中国通商口岸卫生与疾病的含义　[美]罗芙芸　著
中国与达尔文　[美]浦嘉珉　著
朱熹的思维世界　[美]田浩　著
欧几里得在中国　[荷]安国风　著
翻译的传说:中国新女性的形成,1898—1918　胡缨　著
明清时期东亚海域的文化交流　[日]松浦章　著
大萧条时期的中国:汉译《几何原本》的源流与影响　[日]城山智子　著